습관은 실천할 때 완성됩니다.

좋은습관연구소가 제안하는 45번째 습관은 직원에게 업무를 믿고 맡길 수 있는 구조를 만드는 습관 즉, 위임의 기술입니다. 리더라면 위임의 중요성을 잘 알고 있습니다. 그런데 왜 잘 안 되는 걸까요? 그것은 리더와 후배 간의 소통 문제 때문입니다. 후배가 이 일을 해낼 수 있는 지식과 기술이 부족하다면, 이를 양성시켜줄 고민을 해야 하는데, 그게 아니라 그냥 윽박지르거나 비아냥거리는 말투로 "됐어, 그냥 내가 하고 말지" 이렇게 말해버립니다. 결국 리더는 안 해도 될 실무로 바쁘고 후배는 업무적으로 아무것도 배우지 못하게 됩니다. 이런 조직에게 밝은 미래는 찾아오지 않습니다. 이 책을 통해 본연의 일에 집중하는 리더, 성장의 기회를 얻을 수 있는 직원, 모두가 행복하게 일하는 조직을 만들었으면 합니다.

리더십 관련 책이 많이 출간되고 있으나 여전히 리더들은 갈증에 목말라 있다. 그런 와중에 이 책은 리더의 상황과 시선을 정확히 꿰뚫고 있어 무척 반가웠다. 조직에서 접하는 사례를 예시로 잘 풀어놓았기 때문에 사람과 사람 사이에서 벌어지는 소통의 본질을 쉽게 이해할 수 있었다.

현대자동차 연구개발본부 연구위원 **안승호**

근속 연수, 나이, 경력만으로 진정한 리더가 되기 어려운 시대다. 이 책은 소통과 성과를 모두 요구받는 대한민국의 리더가 겪는 고민을 다룬다. 모든 주제가 실용적이고 읽을 가치가 있지만, 특히 명확한 지시와 위임 그리고 피드백의 기술 부분은 관리자들이 천천히 여러 번 읽으면서 실천해 보기를 추천한다.

연세대학교 문화미디어 전공 객원교수 **한명주**

4년 전 리더로서 우왕좌왕하고 있을 때였다. 그때는 지시형 감독이 되어야 한다는 강박으로 할 일만 잔뜩 쌓아 두고 있었다. 그때 저자와의 리더십 독서 모임을 통해 건강한 다이어트가 시작됐다. 그리고 이제는 위임형 셰프로 진화했다. "코치님 덕분에 저의 리더십은 맛있게 익었습니다! Who is next?"

삼성전자 품질실 Project Leader **민희순**

책을 읽다 보니 좋은 코치가 곁에서 조곤조곤 알려주는 느낌이 든다. 현실감 있는 다양한 사례와 지침이 깊이 와 닿는다. 이 책은 리더에게 어떤 길로 가야 할지 알려주는 길잡이이자, 지금 바로 통할 수 있는 지시와 위임 그리고 소통과 코칭까지 두루 적용 가능한 리더십 필독서다.

경보제약 QA팀 팀장 **조옥형**

리더는 여러 제약 속에서도 성과 창출을 해야 한다는 고충을 갖고 있다. 이 책은 누구보다 그 어려움을 잘 알고 공감하고 있다. 마치 나에게 애정을 가진 선배가 건네는 위로와 충고 같다. 누구보다 실무를 잘 아는 저자의 전매특허가 발휘된 책이라 그렇다. 조직 역량을 고민하는 리더의 성장에 큰 도움이 될 것이다.

CJ대한통운 건설부문 경영관리팀 팀장 **박정효**

저자의 이전 저서가 리더의 역할과 마인드셋 그리고 조직 운영까지 리더십 전반을 다뤘다면, 이번 책은 실용적인 소통에 집중한다. 중요성은 알지만 방법이 낯선 관리자나 젊은 직원과 소통에 불안을 느끼는 리더에게 적합한 실전 가이드를 제공해 준다.

유앤에스에너지 영업경영본부 상무 **김선기**

믿고 맡기는 리더의 습관

위임의 기술

Do
less,

김진영 지음

Lead
more

좋은습관연구소

프롤로그

"리더십의 본질은 소통입니다."

너무나도 당연한 말이지만, 현실에서 잘 실천하기란 만만치 않습니다. 시시각각 급변하는 환경, 다양한 세대가 공존하는 조직 그리고 격동하는 사회 트렌드 속에서 리더는 어떻게 소통해야 할까요?

이 책은 조직에서 리더가 직면하는 소통의 도전과 그 해법을 제시합니다. 말만 번지르르한 이론이 아닌, 실제 현장에서 경험한 사례와 실천적 방법을 담았습니다. 당연하고 뻔한 얘기는 걷어내고 실전에서 검증된 방법을 추려냈습니다. 당위성보다 현실 적용이 가능한 대안을 뽑아냈습니다.

업무 '지시'부터 '위임' 그리고 '코칭'까지 리더의 커뮤니케이션 전반을 다룰 것입니다. 특히 업무 관리 도구로서 위임 활용, 젊은 세대와 소통, 코칭의 실전 적용, 성과 코칭 등은 기존의 통념을 살짝 비틀거나 넘어서기도 합니다. 과거의 상명하복 방식의 일방적 지시보다 상하 소통을 지향합니다.

코로나19와 기후변화, 까다로운 고객, 개성 넘치는 직원까지 한 번도 경험하지 못한 상황이 펼쳐지고 있습니다. 리더는 정답을 갖고 있지 않습니다. 따라서, 혼자 끙끙대지 말고, 믿고 맡겨서 함께 풀어가는 습관을 들여야 합니다.

이 책을 통해 여러분이 단순히 '말 잘하는 리더'가 아닌, '소통과 실천으로 조직을 변화시키는 리더'로 거듭날 수 있기를 희망합니다.

그럼, 저와 함께 새로운 리더십 소통의 여정을 떠나보겠습니까?

목차

일을 맡기는
구조 이해

제대로 된 업무 소통을 위해서는 일을 맡기는 구조를 먼저 살펴봐야 합니다. 그중에서 업무를 맡기는 방법(HOW)이 가장 중요한데요. 소통은 성과를 만들기 위한 도구이기에 효과성과 효율성을 동시에 고려해야 합니다. 리더는 자신의 의도를 업무 소통이 일어나는 공간(WHERE)의 특성에 맞게 전달해야 하며, 참여자(WHO) 간의 상호 이해도를 높이면서 적절한 시점(WHEN)을 선택하는 것이 필수입니다.

① 업무 소통의 핵심 방식(HOW)

업무는 주로 '지시', '위임'의 형태로 부여되며 간혹 '명령' 형태로 나타날 수 있습니다. '명령'은 반드시 이행되어야 하는 중

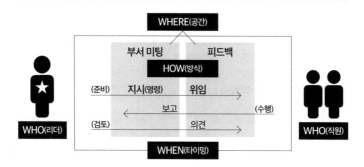

요한 결정을 전달할 때 사용합니다. 업무의 성격, 직원의 특성, 그리고 조직의 상황에 따라 적절한 방식을 선택하는 것이 중요한데, 최근에는 '위임'의 중요성이 점점 더 강조되고 있습니다.

② 업무 소통의 물리적, 심리적 공간(WHERE)

어떤 공간을 선택하는가에 따라 전달의 효과성이 크게 좌우됩니다. '부서 미팅'과 '피드백'이 대표 공간입니다. 근래 들어 코칭 기술을 접목하는 것이 권장되고 있습니다. 아울러 리더에게는 업무 소통뿐만 아니라 '아이디어 소통'과 '정서 소통'의 복합적인 소통 기술이 요구되고 있습니다.

③ 업무 소통의 참여자, 리더와 직원(WHO)

리더는 지시자의 위치에, 직원은 수행자의 위치에 서게 됩니다. 때로는 리더가 수행자의 입장에서 함께 업무를 수행하기도 하는데, 이는 주로 협업 공간에서 일어나며 창의적이고 혁신적인 업무를 추진할 때 특히 두드러집니다.

④ 업무를 맡기는 최적의 타이밍(WHEN)

하루 중 적절한 시간을 선택하는 것은 업무 몰입도와 진행 속도에 큰 영향을 미칩니다. 최적의 시간대를 골라야 구성원의 집중력을 극대화하고, 업무 효율성을 높일 수 있습니다.

효과 높은 업무 소통을 위해서는 방식(HOW), 공간(WHERE), 참여자(WHO), 그리고 타이밍(WHEN)을 종합적으로 고려해야 합니다. 리더가 이러한 요소들을 두루 잘 활용할 때, 조직 내 소통은 원활해지고 업무 성과는 향상됩니다.

나의 업무 대응은
건강한가?

여러분의 업무 대응(소통) 수준을 간단하게 진단하는 항목 10개를 준비했습니다. 각 항목을 읽고 현재의 나(우리)와 같다면 'YES' 그렇지 않으면 'NO'로 답하세요. 현재 자신의 상황에 비추어 생각나는 대로, 더 가까운 쪽으로 선택하면 됩니다.

진단 항목

① 업무 결과에 명확한 상(像)이 그려지지 않을 경우 본인 상태를 직원에게 솔직하게 얘기한다.

② 업무 지시는 담당자별로 일을 바로 배분하면서 시작한다.

③ 특정 직원에게 업무가 몰리는 현상이 지속된다.

④ 상사에게 급한 업무 지시를 받았을 때 직원에게 맡기지 않

고 직접 처리하곤 한다.

⑤ 회의 시 나의 발언은 전체 발언 시간 대비 50%가 넘는다.

⑥ 주요 업무가 종료되면 구성원과 리뷰 시간을 갖는다.

⑦ 직원이 수행할 업무를 상사인 내가 처리하는 데 많은 시간을 보낸다.

⑧ 내가 위임한 업무를 중간중간 확인하는 습관이 있다.

⑨ 교정이나 보완이 필요한 직원을 향한 피드백에 어려움을 느낀다.

⑩ 권한이 위임된 경우 업무를 수행한 직원이 모든 책임을 져야 한다.

정답이라고 할 수는 없지만 업무 소통(대응)에 바람직한 답은 있습니다. 이어지는 내용으로 권장 답과 왜 그렇게 해야 하는지 해설을 붙였습니다.

권장되는 답을 8개 이상 맞췄다면 업무 소통이 원활하고 효율적인 수준이라 할 수 있습니다. 5~7개는 업무 소통이 중간 수준이고, 4개 이하라면 여러 가지 문제가 있는 상황입니다.

이 진단은 2022년에서 2023년 사이 강의와 코칭으로 만났던 리더 783명을 대상으로 한 설문 결과를 바탕으로 했습니다. (리더 대부분은 대기업과 중견기업 중간 관리자와 임원이고, 일부 스타트업 관리자가 포함되어 있습니다.) 전체 정답 점수는 평균 5.62점이며, 항목별 정답률은 해설에 따로 명기했습니다.

해설

① **[업무 상황을 정확히 공유]** 업무 결과에 명확한 상(像)이 그려지지 않을 경우 본인 상태를 직원에게 솔직하게 얘기한다. - YES(정답률 79%)

- 결과가 불확실하거나 확신할 수 없는 상황에서 지시하거나 아는 척하며 지시를 내린다면 모호성 때문에 직원은 혼란에 빠지게 됩니다. 리더 본인의 현재 상태를 솔직히 말하고 '함께 답을 만들어 가자'라고 제안하며 리딩하는 자세를 보여주어야 합니다.

② **[업무의 맥락 제공]** 업무 지시는 담당자별로 일을 바로 배분하면서 시작한다. - NO(정답률 42%)

- 일상 업무라면 YES가 될 수 있습니다. 하지만 1번 항목처럼 답을 함께 만들어야 할 상황이라면 권장 답은 NO가 됩니다. 일상 업무 외에 수행해야 하는 업무나 전략 과제같이 매우 중요한 업무는 시작하기 전 업무 배경을 충분히 설명하는 것이 필요합니다. 직원의 이해와 몰입을 끌어내기 위해서입니다.

③ **[업무 집중 현상]** 특정 직원에게 업무가 몰리는 현상이 지속된다. - NO(정답률 57%)

- 긴급한 상황에서 한두 번 업무가 몰릴 수는 있으나 반복적으로 발생한다면 문제라고 할 수 있습니다. 일을 계속해서

도맡은 직원은 번아웃에 빠질 수 있고, 일에서 배제된 직원은 실력을 키울 기회를 놓치게 됩니다. 업무 분배의 공정성과도 연관된 이슈입니다.

④ **[긴급 업무 대응 실태]** 상사에게 급한 업무 지시를 받았을 때 직원에게 맡기지 않고 직접 처리하곤 한다. - NO(정답률 44%)
- 3번 항목과 마찬가지로 만성화가 되면 곤란합니다. 납기가 짧은 상황이고 리더가 세밀히 체크해야 하는 민감한 주제라면 어쩔 수 없는 측면은 있습니다. 하지만 리더의 주된 일은 실무가 아닙니다(요즘은 실무 부담을 크게 안은 리더가 많습니다만). 게다가 요즘 직원들은 리더의 이런 헌신(?)을 감사하지 않습니다.

⑤ **[발언 시간 점유율]** 회의 시 나의 발언은 전체 발언 시간 대비 50%가 넘는다. - NO(정답률 56%)
- 부서별 업무에 따라 리더의 발언 시간은 다를 수 있습니다. 보통 현업 부서보다 상위 리더를 가까이에서 보좌하는 스태프 부서 리더의 주도성이 더 요구됩니다. 경영진의 지시가 빈번해서 직원에게 자주 설명해야 하기 때문입니다. 그렇지만 의사결정에 이르기까지 더 나은 답을 찾아가는 과정에서 쌍방향 소통과 아이디어 발상의 중요성이 증가하는 만큼 구성원의 발언량은 지속적으로 늘어야 합니다.

⑥ **[업무 리뷰의 중요성]** 주요 업무가 종료되면 구성원과 리뷰 시간을 갖는다. - YES(정답률 56%)

- 모든 업무 결과를 리뷰할 필요는 없지만 중요한 업무일 경우 반드시 리뷰해서 기록으로 남길 것을 권장합니다. 리뷰가 축적되고 정기적으로 다시 검토하여 현행화한다면, 개인 역량을 넘어서는 '부서 역량'과 직결되는 소중한 자료가 될 수 있습니다.

⑦ **[리더의 실무 부담]** 직원이 수행할 업무를 상사인 내가 처리하는 데 많은 시간을 보낸다. - NO(정답률 71%)

- 급한 경우에만 제한적으로 리더가 실무를 직접 처리하는 게 바람직합니다. 다만, 실무에서 벗어나지 못하는 리더는 리더십 배양에 시간과 에너지를 쏟을 수 없고, 직원들은 리더십을 충분히 체험할 수 없습니다.

⑧ **[위임과 방임]** 내가 위임한 업무를 중간중간 확인하는 습관이 있다. - YES(정답률 32%)

- 위임했다고 해서 결과가 나올 때까지 마냥 놔둬서는 안 됩니다. 그렇게 되면 방치가 됩니다. 적절한 시기에 리더가 개입해서 체크해야 합니다.

⑨ **[어려워진 피드백]** 교정이나 보완이 필요한 직원을 향한 피

드백에 어려움을 느낀다. - YES(정답률 28%)
- 과거에는 상사의 공식 피드백이 흔치 않았습니다. 요즘은 교육을 통해 다수의 리더가 피드백의 당위성은 인정하지만, 몸에 익숙하지 않아 어려움을 겪습니다. 다른 별에서 살다 온 듯한 직원에게 어떻게 피드백할지 생각하면 머리가 아파지기도 합니다. 따라서, 신중한 피드백 준비가 필요합니다.

⑩ **[업무 책임]** 권한이 위임된 경우 업무를 수행한 직원이 모든 책임을 져야 한다. - NO(정답률 88%)
- 위임된 업무의 1차 책임은 담당자에게 있습니다. 다만, 결과물이 리더의 리뷰를 거쳐 상위 리더에게 보고되거나 고객에게 제안되고 유관 부서와 협의 테이블에 오르게 될 때부터는 리더가 책임지는 게 원칙입니다.

진단 결과를 통해 리더의 현재 상황과 고민을 이해할 수 있었습니다. 지금 당장 빠른 업무 처리가 필요한데, 적절한 인력은 부족한 게 현실입니다. 그래서 리더 자신이 실무에 빠져 있거나 제대로 된 지시나 위임을 하지 못합니다. 이런 상황이 굳어지면 리더십은 향상되지 못하고, 결국에는 직원과 소통 부족 그리고 조직의 경쟁력 정체로 이어집니다.
다만, 문제의 원인이 리더에게만 있는 것은 아닙니다. 지금의 리더도 좋은 선배 리더로부터 리더십을 체득할 기회를 거의 가지지 못했거나 매우 적었습니다. 이제부터라도 리더로서 새롭게 배우고 익히며, 시행착오를 통해 개선해야 합니다. 아무쪼록 이 진단 결과를 계기로 자신의 업무 스타일을 돌아보고, 더 나은 소통의 계기로 삼길 바랍니다.

간단한 진단을 마쳤으니 이제 본격적으로 어떻게 하면 업무 지시를 잘하고, 위임을 잘하고, 소통과 코칭을 잘할 수 있는지 살펴보겠습니다.

1부.
업무 지시와 위임

1.
잘 받아야 잘 맡긴다

현장의 목소리: "작성이 잘 된 기안서인데, 왜 통과가 안 되죠?"

중견 기업인 A사는 신사업 기획에서 난관에 직면했다. 여러 차례 보고에도 그룹 부회장의 승인을 받지 못했다. 결국 외부 전문가인 자문역의 조언을 구하기로 했다. 자문역은 첫 미팅에서 기존 보고서들을 면밀히 검토했다. 사업 전망과 세부 전략, 손익 예측 등 모든 부분이 빈틈없이 잘 작성된 보고서였다. 한참을 생각하던 자문역은 이렇게 질문을 던졌다.

"혹시 부회장님 지시 사항을 따로 기록한 문서가 있을까요?"

A사 담당자는 녹취록을 뒤져 정확한 지시 워딩을 찾았다. '경쟁사 대비 차별화할 수 있는…'이라는 문구가 보였다. 보고서에는 경쟁사와 어떤 점에서 차별화되는지, 그로 인한 기대 효과가 무엇인지가 빠져 있었다.

이후 기획팀은 이 부분을 보강해서 전면에 내세우는 보고서를 다시 작성했다. 그리고 다음 부회장 보고 때 무사히 승인을 얻어냈다.

많은 리더가 '업무 지시'와 관련해서 고민이 많습니다. 현업 리더들이 말하는 고민 사항은 주로 다음과 같습니다. '내가 제대로 업무 지시를 하고 있나?', '업무 지시 내용을 직원들은 정확하게 이해하고 있을까?', '결과물을 때맞춰 내가 원하는 수준으로 가져올까?' 이런 고민 대부분은 지시자인 '나'와 수행자인 '직원'을 향하는데요, 애초부터 중요한 한 가지가 어긋난다면 아무리 고민해 봐야 별 소용이 없습니다. 중요한 한 가지는 바로 '지시를 잘 받아오는 것'입니다.

내가 하는 업무 지시 중 상당수는 상사의 지시에서 출발합니다. 이를 받아 직원에게 재(再)지시합니다. 결국, 지시를 잘하기 위해서는 지시를 잘 받아오는 것이 매우 중요합니다. 이처럼 업무 지시는 업무 수명(受命)과 직결되어 있습니다.

업무 수명 체크리스트

과거의 리더는 대부분 정답을 가지고 있었습니다. 그래서 거침없이 명령하고 실행을 독려했죠. 하지만 지금은 형편이 크게 달라졌습니다. 세상의 변화 폭이 커지고, 고객의 니즈는 한곳에만 머물지 않습니다. 정답이 없으며 여러 전제와 가정도 수시로 움직입니다. 따라서, 분명하지 않은 상황에서 지시해야 하는 경우가 많아졌습니다. 이런 상황에서 재(再)지시는 원(原)지시의 내용을 명확하게 전달하는 것에서부터 출발합니다.

가장 먼저, 받은 지침이 분명한가를 반드시 확인합니다. 체크리스트 항목 중 누락이 있거나 불명확한 사항이 있으면 상사에게 질문해야 합니다. 이때 주의할 점은 그 역시 명확하게 이해하지 못하거나, 결과 이미지를 가늠하지 못한 상태에서 지시할 수 있다는 겁니다. 그렇다고 "지금 모르고 말씀하시는 건가요?"라고 바로 질문하면 묘한 적막감(?)이 흐를 수 있겠죠. 정중하게 에둘러 파악하는 게 좋습니다.

업무 지시를 받을 때, 체크리스트를 활용하면 주요 포인트를 빠짐없이 챙길 수 있습니다. 여러 항목 중 가장 핵심은 '지시자가 원하거나 기대하는 결과 수준'입니다. 이를 확인하면 지시자의 이해도를 가늠할 수 있습니다. 또한, 수행 후 준수한 결과가 나왔는지 판단하는 기준이 되기도 합니다. 간혹 일을 완수하고 보고가 끝난 후에 "이 업무는 잘 수행이 됐는가?"라는 물음에 답하기 힘든 경우가 생깁니다. 결과를 내놓기 전에 기준을 정하지 않아서 그렇습니다.

그리고 체크리스트 항목 중 쉽게 간과되는 부분은 '이해관계자 분석'입니다. 업무를 처리할 때 지시자와 실행자에만 몰두하는 경향이 있기 때문입니다. 실상 우리가 하는 일은 대부분 여러 조직과 사람들이 연관돼 있습니다. 직접적으로 도움이 필요한 경우에 닥쳐서 연락하고 협조를 구하는 경우가 다반사죠. 그

업무 지시 체크리스트

업무 지시(대상)자		일시/장소	
업무 주제 (업무의 시작 배경과 해야 하는 이유 등 포함)			
업무 수행 결과 기대 수준(결과가 지향해야 하는 상태 또는 모습, 결과에 대한 평가 기준 등)			
기한과 일정 (중간/최종보고일 등)		**수행 자원** (예산 등 가용 리소스)	
이해관계자 (협의, 요청, 전달이 필요한 사람)		**과거 관련된 업무** (참고할 만한 업무)	
기타 고려 사항			

래서 일을 준비할 때부터 관련자를 고려하면 더 빠르고 효율적인 업무 진행이 가능해집니다.

내가 모른다는 걸 알게 하라

재지시하는 순간에는 처음부터 정확하게 본인의 현재 상태를 말합니다. 예를 들어, 이렇게 말할 수 있겠죠.

"오늘 본부장님께서 ○○○ 전략을 수립하라는 지시를 내렸습니다. 매출 채널을 관리하는 우리 팀이 주도적인 역할을 수행해 주길 원하십니다…. 다만, 어떤 전략 방향이 좋을지 가설이나 전략을 담은 큰 그림은 아직 없습니다…. 따라서, 우리는 3주 안에 대략적인 전략 방향의 몇 가지 가설을 수립하는 게 필요하고…. 이를 위해서 매일 오후 4시부터 한 시간 동안 각자 고민한 사항을 공유하며 토론하겠습니다."

요즘은 리더가 답을 모르는 것을 두고 능력 부족이라 말하지 않습니다(물론 자주 모르면 문제가 될 수 있겠지만요). 오히려 모르는데 아는 척해서 서로 시간 낭비, 에너지 낭비를 한 후에 '뽀록나는'(들통나는) 것이 진짜 창피한 순간입니다. 그래서 주재하는 미팅이 끝났는데도 직원들이 자리로 돌아가지 않고 웅성거리며 이야기를 나누고 있지는 않은지 살펴볼 필요가 있습니다.

기업 평판 사이트 블라인드에서 이런 글을 발견한적 있습니다. '이런 경우 많음?'이라는 제목의 글이었는데 내용은 원문 그대로 다음과 같습니다.

"팀장이 시킨다. 여러 사람이 모여서 암호 해독한다. 잘못 해독해서 가서 혼난다. 근데 파고 보면 별거 아니거나 본인도 모른다. 멘붕…."

이 글에 등장하는 팀장은 대한민국 사람이라면 누구나 아는 대기업 임원급이란 것이 충격이었습니다. 모르면 모른다고 솔직하게 업무의 현재 수준을 설명하는 것이 바람직합니다. 직원이 해야 할 일은 업무 생각이지 추리나 해독이 아니니까요. 아는 척하기보다는 모르는 부분을 인정하고 함께 해결책을 모색하자고 제안하는 자세야말로 진정한 소통의 출발점이 아닐까 합니다.

이것만 따라 하세요!

- 지시받을 때는 체크리스트를 활용하여 주요 포인트를 빠짐없이 확인하세요. 특히 '지시자가 원하는 결과 수준'을 명확히 파악하세요.
- 지시할 때는 본인의 이해 수준을 솔직하게 말하세요. 모르는 부분이 있다면 인정하고, 함께 해결책을 모색하자고 제안하세요.
- 업무를 처리할 때 지시자와 실행자뿐만 아니라 연관된 이해관계자까지 고려하세요.

2.
업무 지시 4단계 프로세스

현장의 목소리: "분명 모르는 것 같은데 질문하지 않네요."

경력이 상대적으로 짧은 실무자는 지시를 바로 이해하기가 쉽지 않다. 리더는 눈치를 채지만 직원은 묻지 않는다. 그렇게 일은 진행되고 결국, 이상한 결과가 나온다. 지시 단계부터 소통이 원활했다면 좋았을 텐데, 리더와 직원 모두 답답함을 느낀다.

지시는 처음부터 제대로 하는 게 효율적이다. 묻고 답하는데 시간과 에너지를 소모하기 때문이다. 다음은 리더의 지시와 관련하여 현장의 직원이 바라는 사항이다.

• "마감 시한을 알려주면 우선순위를 판단하는 데 도움이 됩니다."

- "참고 자료가 있다면 업무 수행이 수월하겠습니다."
- "해당 업무가 어디에 활용되는지 설명해 주세요."
- "중간보고 할 기회가 있으면 좋겠습니다."

직원의 업무 수행에 불만족을 표하는 리더가 많습니다. 여러 번 지시했는데 기대한 결과가 나오지 않는다며 하소연합니다. 지시의 절반도 이해 못 하는 것 같아서 이 정도면 문해력이 부족한 거 아니냐고 합니다. 반면, 직원들은 리더의 지시 내용을 알아차리기 어렵다고 합니다. 이번에도 쓸데없이 삽질하는 것 같다며 난리입니다. 왜 이런 현상이 양쪽으로 동시에 발생할까요?

무엇보다 세대별로 소통 방식의 차이 때문이 아닐까 합니다. 지시하는 리더 세대는 아무래도 맥락을 읽는 데 익숙합니다. 상사가 지나가며 "좀 덥지 않나?"라고 하면 바로 에어컨 온도를 낮추죠. 하지만 젊은 직원은 "네? 어떻게 하면 될까요?"라고 반문합니다.

리더 세대는 집단 관계를 중심으로 성장했고, 2030 세대는 개인과 개인의 1:1 관계 속에서 자라왔습니다. 기성세대의 소통은 평소 친밀감을 기초로 합니다. 그래서 '척하면 척'했던 겁니다. 하지만 1:1 관계에서는 명시성이 우선합니다. 지시하는 리더는 '이 정도면 알아들었겠지' 하지만, 지시받는 직원은 '설명이 더 있겠지?' 합니다. 애초 지시를 두고 기대하는 방향이 서로 달

단계별 업무 지시 ⓒ김진영

구분	1단계 WHY(이유) 왜 이 일을 해야 하나	2단계 WHAT(주제) 주요 업무는 무엇이 고 누가 맡아야 하나	3단계 HOW(방법) 어떤 수단을 갖고, 어떻게 해야 하나		4단계 Lesson learned (회고) 어떤 교훈을 얻어 활용할까
내용	- 일의 목적 - 맥락(시작과 파 급) - 기대수준과 평가 기준	- 업무 Break down & 완료 기한 - 우선순위 - 담당자 배정	- 자원과 제약조건	실행	- 업무 추진 과정과 결과에 대한 반성
예시	- 경영진의 전략 적 의도, 자사 및 경쟁사 상황 등 - 완료 후 후속 사항	- 주/월간 계획 (WBS) - 주요 마일스톤	- 참고 자료, 가용 자원 설정 등		- 일하는 방식 개선 아이디어 - Do list & Don't list 작성
직원 마음	'이 일 정말 할 만 한 건가?' '삽질 하는 거 아냐?'	'지금 맡은 업무 는 어떻게 되는 건가?' '독박 아니야?'	'어디 레퍼런스 없나?' '내가 더 많은 자원을 받을 수 없을까?'		'이런 건 왜 할까?'
리더 주안 점	업무 수행의 동 기 확보, 기대 사항 설명과 평가 원칙 설정	업무 밸런싱 (담당자-업무량)	업무 효율화, 리소스 관리 (배분)		노하우 축적으로 조직(역량 강화)

랐던 겁니다.

과거에는 '알아서 해와', '잘 해봐라' 같은 말로도 업무 지시가 가능했습니다. 이미 오랜 시간 함께 일하며 상사의 스타일과 의중을 파악했기에 가능한 방식이었습니다. 그러나 요즘 젊은 직원들은 누구에게 묻기보다 리더와 직접 소통하길 원합니다. 분명한 지시를 바라는 마음이 아주 커졌습니다. 따라서, 지시 방식의 변화가 필요한 시점이라 하겠습니다.

지시는 WHY로 시작한다(1단계)

요즘 직원은 자신이 납득할 수 있어야 비로소 업무에 몰입합니다. 따라서, 업무 지시를 제대로 하려면 'WHY(일하는 이유)'에서부터 출발해야 합니다. 먼저 해당 업무가 어디에서부터 시작됐는지 알게 해야 합니다. ("어제 본부장님께서 경쟁사와 비교한 자료를 원하셨습니다.") 그 후 목적과 이유를 설명한 후에 일의 결과가 가져올 영향과 파급력을 언급합니다. ("비교 검토가 완료되면 OOO팀과 함께 신상품 개발 업무가 시작될 것입니다.") 이는 일의 시작과 끝을 이해시키는 것입니다. 직원이 추측하지 않도록 맥락을 확실히 짚어줘야 합니다.

또 한 가지 중요한 것은 지시자의 '기대 수준'을 밝히는 것입니다. 업무가 반복되면 리더는 이 부분을 간과할 수 있습니다. 특히 수행하는 사람이 달라졌다면 기대하는 바를 다시 알려줘야 합니다. 경쟁사 동향 분석과 관련해서 지시했다고 해보죠. "선배들이 하던 대로 해오세요", "지난번처럼 만들어요" 같은 말은 과녁 없이 화살을 쏘라는 것과 같습니다. 이때는 다음 항목을 포함해서 얘기해야 실무자 머릿속에 정확한 이미지가 맺히게 됩니다.

• 분석 시 다뤄야 할 주요 항목(기존과 달라진 이번 내용 중 특이 사

항 등)

→ 예) 상반기 누적 데이터 요약 추가, 경쟁사 중 B 사의 전략을 특히 집중 분석 등

- 형식과 분량(작성 툴, 도표/텍스트/요약 등 작성 방식, 페이지 수 등)

→ 예) 워드/엑셀/파워포인트/통계 프로그램 등, 핵심 그래프 위주 구성, 5장 내외 등

- 후속 업무 연계(업무 결과물이 향하는 사람/조직)

→ 예) 관련 부서와 협의 미팅 시 제출 예정, 주요 내용이 하반기 전략 보고서에 포함 예정 등

기대 수준은 '원하는 정도'만을 의미하는 것은 아닙니다. 리더 역시 확실한 기대 수준을 확정할 수 없는 경우마저 있으니까요. 따라서, '업무 수행 방향과 기조'라고 이해해도 무방합니다. 또한, 리더가 바라는 기대 수준은 업무 결과를 평가하는 '기준'이 되므로 업무 진행 초반에 확정하는 것이 필요합니다.

직원들은 수명(受命) 초반에 생각이 많습니다. 두 가지 의문이 가장 큽니다. '해당 업무가 가치(의미)가 있나?', '내 노력이 헛되진 않을까?'입니다.

단순히 일의 양보다는 의미 없는 일이 많을 때 사람들이 지치는 경우를 더 많이 목격합니다. 리더는 이 점을 주목해야 합니다. 업무 시작의 현황을 투명하게 공유하고, 직원이 업무 착수 동기를 갖도록 유도해야 합니다.

추가로 상위 리더의 지시를 재(再)지시할 때 주의할 부분이 있습니다. 상사의 지시 사항에 동의하기 어려운 상황에 직면할 때입니다. 과도한 목표를 부여받거나 불합리한 업무를 떠맡은 경우가 그렇겠죠. 이런 상황에서는 의견은 개진했지만 원래의 결정 사항이 그대로 유지될 때도 있습니다. 이때 이 지시를 다시 직원들에게 전달해야 하는 순간, 어떻게 해야 할까요?

"나도 별로라고 생각해요. 하지만 어쩌겠어요. 위에서 시키면 시키는 대로 해야지 뭐… 후유~ 지시가 잘못됐다고 봐요. 결정됐으니 별수 있나… 시작해 봅시다."

리더는 자신의 마음을 직원들이 알아주길 바라면서 이렇게 말했을지도 모릅니다. 일종의 공감을 기대했던 것이죠. 하지만 이런 발언을 들은 직원들은 어떤 생각을 할까요? 아마도 이럴 겁니다. '자기도 반대했다면 아예 받아오지 말았어야지, 이게 뭐야? 또 헛수고하게 생겼네!'

결국, 이런 태도는 공감을 얻기는커녕 반감만 살 위험이 큽니다. 어차피 해야 할 일인데 착수하기 전부터 김을 빼는 꼴입니다. 확정된 업무를 다시 지시할 상황이라면 애초에 내가 시작한 것처럼 말해야 합니다. 그래야 지시에 힘이 실리고 직원은 다른 생각을 하지 않게 됩니다.

"이번에 우리 팀이 새로운 프로젝트를 맡게 되었습니다. 상당히 높은 도전이지만, 우리 팀의 역량이라면 해볼 만하다고 봅니다. 함께 노력하는 과정을 경험하는 것도 큰 의미가 있습니다."

　근래 들어 리더에게 권장되는 업무 기술 중 하나가 질문 활용입니다. 이 방식은 직원들의 참여를 유도하고, 그들의 생각을 끌어내며, 업무 이해도를 높이는 데 도움이 됩니다. 다음은 업무 지시를 시작하는 질문의 예시입니다.

- 직원에게 아이디어 제시 기회를 주고 싶다면
  → "이 프로젝트에 어떻게 접근하면 좋을까요?"
  → "과거 유사한 경험에서 어떤 점을 이번에 적용할 수 있을까요?"
- 창의성과 문제 해결 능력을 자극하려면
  → "이 업무를 수행하는 데 어떤 어려움이 예상되나요?"
  → "유사한 문제를 해결한 사례를 알고 있나요?"
- 일의 의미와 목적을 생각하게 하려면
  → "이 일이 왜 시작됐을까요?"
  → "누가 이 일의 결과를 고대하고 있나요?"
- 직원의 현재 수행 능력과 필요 지원을 파악하려면
  → "이 과제를 수행하기 위해 제가 뭘 도와주면 좋을까요?"
- 역할을 스스로 생각하길 원한다면
  → "이 업무의 성공을 위해 어떤 역할을 맡을 수 있을까요?"

　리더의 적합한 질문은 업무 수행 초기 단계에서 직원의 학습과 성장을 지원하는 동시에 더 나은 업무 성과 달성에 도움을 줄 수 있습니다. 다만, 좋은 질문은 제대로 된 응답이 함께 있어야 빛나는 법입니다. 따라서, 직원의 업무 수행 능력이 높고 수행 의지가 있는 경우 질문은 더욱 효과를 발휘합니다.

구체적 수행의 WHAT과 HOW(2, 3단계)

다음은 WHAT(업무의 주제와 담당자)을 살펴보겠습니다. 이 단계에서는 큰 업무를 잘게 쪼개서 단계를 정의하고, 단계별로 핵심 목표, 주요 마일스톤과 이벤트 등을 판별합니다. 이 과정에서 업무 우선순위와 업무 분장까지 고려된 로드맵이 완성됩니다. 이러면 전체 업무 내용을 한눈에 볼 수 있습니다.

하지만 직원은 본인의 업무 상황을 우려할 수 있습니다. '이미 많은 일을 하고 있는데, 이 일까지 혼자 떠맡는 건 아닐까?'라는 생각이 드는 거죠. 이때 리더는 직원들 간의 업무량 밸런싱을 신중히 고려해야 합니다.

업무 밸런싱의 효과적인 방법의 하나는 '위임'입니다. 적절한 위임은 직원들의 역량 개발에 도움이 되고, 리더 자신의 부담도 줄이는 일석이조의 방법입니다.

HOW(수단과 자원)에 관해 이야기해 봅시다. 세부 업무와 담당자가 정해졌다면 각 담당자가 어떤 수단과 자원을 동원할지를 논의합니다. 직원들은 주로 '업무를 잘 수행하기 위해 필요한 리소스를 얼마나 확보할 수 있을까?'를 고민합니다. 이때 리더가 관심을 두고 적극 지원한다면 참고 자료나 경험자의 실무 지식 등을 비교적 쉽게 찾아줄 수 있습니다. 아울러, 과거 관련 업무 경험이나 유용한 데이터를 보유한 이해관계자를 연결해 줄 수도 있습니다.

예산(비용)은 한정돼 있기 때문에 리더는 원칙과 기준을 가지고 업무를 배분해야 합니다. 이 모든 과정이 마무리되면 직원들은 실행에 들어갑니다. 실행 후 결과가 나오면 회고의 시간을 갖게 됩니다.

결과 회고(4단계)

회고는 단순히 지난 일을 돌아보는 것이 아닙니다. 앞으로 유사한 업무를 수행할 때 어떤 부분은 계속 유지하고, 어떤 부분은 개선해야 하는지를 체계적으로 정리하는 과정입니다. 이는 팀의 성장과 발전을 위한 핵심 활동이라고 할 수 있습니다.

현실에서는 주로 실패한 일(프로젝트)을 강도 높은 리뷰의 대상으로 삼는 경향이 있습니다. 하지만 오히려 '성공한 것'에 이유와 원인을 명확히 밝혀보는 것이 더 중요할 수 있습니다. 왜 그럴까요? 실패의 원인은 구조 문제에서 비롯되어 단기간에 보완하기 어려운 경우가 많지만, 성공은 우리 팀이나 조직의 강점에서 나온 결과일 가능성이 높기 때문입니다.

강점을 더욱 강화하고 발전시켜 유사한 업무를 할 때 더 높은 수준의 성공을 추구하는 것이 실현 가능성 면에서 더 효과적인 접근이 될 수 있습니다. 물론, 성공에는 행운이 작용했을지도 모릅니다. 이런 경우, 우리의 노력과 운을 명확히 구분해서 분석해야 다음에도 성공으로 이끄는 교훈을 얻을 수 있습니다. 결국, 통제할 수 있는 요소와 그렇지 않은 요소를 구별해서 향후 전략 수립에 반영해야 합니다.

간혹 직원 중에는 "바빠 죽겠는데 왜 이런 회고를 해야 하나?"라고 의문을 제기할 수 있습니다. 이럴 때 리더는 회고의 당위성을 설명해야 합니다. 특히 과거에 축적된 리뷰 자료가 최근 실무에서 어떻게 도움이 되었는지 실제 사례를 든다면 더 좋습니다.

실전 회고 방법으로 '4L 방식'을 추천합니다. 업무 담당자는 네 가지 부분을 사전에 생각하고, 구성원 앞에서 발표한 후 리더가 최종 의견을 더하는 방식입니다.

- Liked (좋았던 점)
- Learned (배운 점)
- Lacked (부족했던 점)
- Longed for (바라는 점)

한편, 리더는 회고를 '조직 역량' 강화의 관점에서 바라볼 필요가 있습니다. 어떤 팀이 지난 5년간의 업무 결과 리뷰를 체계적으로 정리해 뒀다고 가정하겠습니다. 이는 유사한 프로젝트나 업무가 시작될 때, 즉시 참고할 수 있는 귀중한 지식 데이터 베이스가 됩니다. 직원 개개인의 역량이 중요하지만 우리는 조직을 이뤄 함께 일한다는 사실을 잊어서는 안 됩니다. 따라서, 회고는 단순히 업무의 끝을 맺는 매듭일 뿐만 아니라, 다음 업무를 더 잘 수행하기 위한 실력의 토대를 쌓는 과정입니다.

이것만 따라 하세요!

- 업무 지시할 때 'WHY(일하는 이유)'부터 설명하고 기대 수준을 명확히 전달하세요.
- 때로는 질문을 통해 직원의 참여와 이해를 유도하며 지시를 시작하세요.
- 중요한 업무 완료한 후 '4L 방식'을 활용해서 체계적으로 회고하고 기록으로 남기세요.

3.
업무마다 다르게 지시한다

현장의 목소리: "우리 팀장님은 업무 지시가 너무 FM이에요!"

최근 팀장으로 선임된 A 팀장은 업무 관리 교육을 수료한 후 업무 지시에 꼼꼼해졌다. 특히 젊은 팀원들의 의욕을 북돋우기 위해 업무의 이유와 맥락 정보를 충실히 제공하려고 노력했다.

"이 업무는 매년 해오던 업무로써…", "지난 분기 때와 마찬가지로… 의미가 있는 업무라고 생각합니다."

A 팀장은 이러한 접근이 팀원의 동기를 유도하는 괜찮은 시도라고 자평했다. 물론 처음에는 자세한 설명에 팀원들 반응이 나쁘지 않았다. 하지만 시간이 지나면서 불만을 표출하기 시작했다.

"팀장님은 우리를 못 믿으시나 봐요. 했던 얘기를 반복하시네요.", "저희가 아직 경험이 많진 않지만 이미 두세 번 수행한 경험이 있는데, 초보자 대하듯 하십니다."

이런 경우라면, 업무 지시 4단계 방식을 적용할 필요는 없습니다. 또한, 바쁜 현업 리더가 이 모두를 진행할 시간도 부족한 게 현실이고요. 맞습니다! 모든 지시를 그렇게 하면 안 됩니다. 업무마다 성격과 기한이 다르기 때문입니다.

업무는 크게 일상 업무와 부가 업무로 구분할 수 있습니다. 일상 업무는 우리 조직이 담당하는 업무 중 상당수(70~80% 정도)를 차지하며, 구성원이 이미 잘 아는 루틴한 업무입니다. 이런 업무는 대부분 담당자가 지정되어 있으며, 왜 하는지를 다시

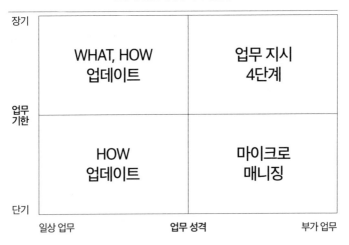

업무 유형별 지시 방식 ⓒ김진영

	일상 업무	부가 업무
장기	WHAT, HOW 업데이트	업무 지시 4단계
단기	HOW 업데이트	마이크로 매니징

(업무 기한 / 업무 성격)

설명할 필요가 없습니다. 정보 활용 방법과 가용한 자원 정보 (HOW)를 업데이트하기만 하면 즉시 착수할 수 있습니다.

일상 업무 중에서도 한 달 이상 걸리는 장기 업무가 있습니다. 연간 사업 목표 설정 같은 업무가 대표적입니다. 이런 업무는 여러 업무와 중첩이 발생하기 때문에 직원 간의 업무량 밸런싱을 고려해야 합니다. 그래서 업무를 쪼개서 담당자를 다시 배분(WHAT)할 필요가 있습니다. 이때는 팀원들의 역량과 현재 업무 부담을 고려하여 적절히 업무를 재조정해야 합니다.

완전히 새로운 업무는 대개 시급하고 중요한 일입니다. 예를 들어, 상사가 아침에 갑자기 호출합니다. "경쟁사가 기존과 다른 사업을 구상하고 있다는 정보가 있어서 동향 검토와 대응 방향을 보고하라"고 지시를 내립니다. 중간 리더는 이 지시를 직원에게 재(再)지시합니다. 그런데 어떤 방향으로 결과가 나올지 현재로는 알 수가 없습니다. 처음 지시했던 상사마저도 확신하지 못합니다. 이런 상황에서 중간 리더는 어떻게 해야 할까요?

아직 구체적인 상(像)이 잡히지 않았기 때문에 담당자를 배정하기도 어렵습니다(물론 참여할 전체 인원 정도는 정할 수 있습니다). 일을 먼저 쪼개야 하는데 아직 전체 일의 크기와 폭도 가늠되지 않습니다. 이때는 솔직히 자신의 상태에 관해 얘기합니다. 상위 상사의 원래 지시를 자세하게 전달합니다. 경쟁사의 움직임과 상부에서 고려하는 전략 의도 등이 주된 내용이 될 것이라 말합니다. 그리고 '왜 이 일을 해야 하는가?' 이유를 알려주고, 작성

후의 보고서 영향 등을 설명합니다. 그래야 직원이 전후 맥락을 이해하고 일에 뛰어들 수 있습니다.

결과를 향한 방향성이 미정이므로 세밀하게 점검하며 진행해야 합니다. 즉, '마이크로 매니징'이 필요한 사안입니다. 매일 오전 9시에 모여 한 시간씩 리더와 직원 간 업무 진행 정도를 점검하고 토의하는 방식을 취할 수 있습니다. 일일 회의를 어느 정도 반복한 후 가설의 방향성이 잡히면 의사 결정자에게 보고하고 확인을 받습니다. 그 후 일을 쪼갠 후 직원을 배정합니다.

마이크로 매니징은 리더가 피해야 할 리딩 방식으로 여겨지는 게 주지의 사실입니다. 하지만 이는 리딩 전반에 걸쳐 만성화되는 것을 경계하라는 의미입니다. 위의 사례와 같이 불확실성이 크고 결론을 자신할 수 없는 특수한 상황에서는 오히려 마이크로 매니징이 더 효과적일 수 있습니다.

이것만 따라 하세요!

• 현재 업무의 유형을 성격과 기한에 따라 지시 방식을 달리하세요.
• 신규 업무나 불확실한 상황에서는 상사의 지시 등 맥락 정보를 상세히 전달하세요.
• 필요한 경우 일일 점검 등 마이크로 매니징을 활용해 진행 상황을 체크하고 방향성을 잡으세요.

4.
업무는 차별하여 배분한다

현장의 목소리: "업무 배분에 불만이 넘쳐 나네요."

A 부서장은 팀별로 업무 배분에 큰 어려움을 겪고 있다. 그의 시각에는 팀장들이 업무 적게 맡기 경쟁을 하는 것처럼 보인다. 업무를 덜 맡아야 목표나 책임을 낮추게 되니까 말이다. 하지만 팀장들 생각은 사뭇 다르다. "팀마다 상황이 다른데 무작정 맡으라고 하시니 그대로 따르기가 힘듭니다", "어느 팀은 널널하다는 얘기가 있어서 업무를 가져오면 팀원들 설득이 쉽지 않아요". 이처럼 부서장-팀장-팀원으로 이어지는 업무 배분에 잡음이 끊이질 않는다. 리더가 지향해야 할 원칙은 무엇일까?

업무 배분은 현업 리더에게는 골치 아픈 일입니다. 이렇게 저렇게 해봐도 직원들의 불만은 끊이질 않습니다. 이번 글에서는 두 가지 상황 예시를 통해 업무 배분과 관련된 문제점을 살펴보고, 이를 해결하기 위한 전략적 접근 방법을 확인합니다.

첫 번째 상황은 시니어 팀원의 업무량이 상대적으로 적은 경우입니다. 이는 특히 오랜 업력을 가진 안정적인 기업에서 자주 발생하는 문제로 겉으로는 합리적으로 보이는 업무 분장이 실제로는 주니어 직원들의 불만을 야기하고 조직의 효율성을 저해합니다. 두 번째 상황은 특정 직원의 업무량이 과도하게 많은 경우로 이는 업무 배분의 형평성과 평가 결과상의 문제를 제기합니다.

이 두 상황을 보게 되면, 업무 배분은 단순히 일을 나누는 것 이상의 의미가 있음을 알 수 있습니다. 그것은 개인의 성장과 동기부여 그리고 조직 운영의 공정성과 직결되는 복합적인 과정입니다. 따라서, 리더는 업무의 성격과 난이도, 직원의 역량과 경험, 기대되는 역할 등을 폭넓게 고려해야 합니다.

리더는 업무 배분이 단순한 관리 기술이 아닌, 조직의 성공과 개인의 발전을 위한 전략 도구임을 인식하고, 이를 효과적으로 활용하는 방법을 익혀야 합니다.

상황 #1 시니어 팀원의 업무량이 적은 경우

A 사 ○○ 지역을 담당하는 B2B 영업팀은 1명의 팀장과 5명의 팀원으로 구성되어 있습니다. 각 팀원은 고객사 매출액 기준

에 따라 선배 팀원부터 후배 팀원까지 담당 고객사가 배정된 상황입니다.

회사 업력이 20년이 넘은 만큼, 주요 고객사는 거래한 지 10여 년이 넘은 곳이 여러 개입니다. 이곳들은 시니어급 팀원들이 담당하고 있습니다. 언뜻 보기에는 '상식적인' 업무 분장 같습니다. 하지만 주니어 팀원들 사이에 불만이 팽배합니다.

사실, 영업 직원이 하는 일은 대부분 유사합니다. 고객사의 요구를 수렴하고 대응하며 성과를 평가받아 재계약을 추진하는 업무입니다. 그러나 중요하다는 이유로 대형 고객사를 시니어 팀원들이 맡는데, 오랜 거래 관계가 있다 보니 크게 제기되는 이슈가 없습니다. 재계약 프로세스 역시 대부분 간소하게 형식만 갖추고 갱신되는 경우가 대부분입니다.

반면, 주니어 팀원이 담당하는 고객사는 거래 시작 기간이 짧은 탓에 요청 사항과 클레임이 상당합니다. 따라서, 시니어 팀원이 맡은 고객사는 거래액에 '0'이 하나둘 더 붙을 뿐, 업무량은 오히려 주니어 팀원이 더 많다고 할 수 있습니다.

이 같은 현상은 주로 오래되고 안정적인 회사에서 주로 나타납니다. 일면 이해되는 측면도 있습니다. 비즈니스 관계가 오래된 대형 고객사는 회사에 적지 않은 의미가 있습니다. 사업 초기부터 신뢰해 준 고객이고, 고정 수익원으로서 분명히 고마운 존재입니다. 다만, 면밀한 업무량 검토 없이 초기에 그 회사를 담당했다는 이유로 선배 팀원이 장기간 담당하게 되면, 새로 입

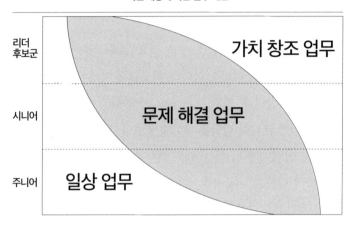

리더 후보군	가치 창조 업무
시니어	문제 해결 업무
주니어	일상 업무

사한 직원이 볼 때는 업무 배분이 불공평하다고 생각될 수 있습니다. 이처럼 암묵적으로 동의하고 문제의식 없이 장기간 지속되는 적폐 현상이 지금도 계속해서 일어나고 있는 게 아닌지 리더는 주의 깊게 살펴야 합니다.

직원 계층에 따라 난이도와 중요도를 고려한 업무 배분을 살펴보겠습니다. 먼저 직원을 3개 계층으로 분류해 봅니다. 주니어는 독립 업무 수행이 완전하지 않은 단계로 과거 직위 체계로 보면 사원, 주임급 정도에 해당합니다. 시니어는 자기 몫은 스스로 해내는 단계로 대리, 과장급입니다. 리더 후보군은 여러 직원과 함께 성과를 만들어 내는 단계로 차장, 부장급이라고 할 수 있습니다.

직위를 나눈 것은 한 팀에 있는 '팀원'이라고 해도 보유한 역량과 실적 정도에 따라 전문성과 숙련도를 구별해야 하기 때문입니다. 이에 따라 조직에서 직원에게 기대하는 '역할'에 차이가 있음을 분명히 알아야 합니다. 보통 직위가 올라갈수록 더 중요하고, 난이도가 높은 일을 맡는 게 상식입니다.

업무는 난이도와 중요도에 따라 3가지로 분류할 수 있습니다. '일상 업무'는 반복적이고 지속하는 업무입니다. 영업팀은 영업을, 전략팀은 전략을 수립하는 등 작년에도 수행했고 내년에도 해야 하는 루틴한 업무를 말합니다.

'문제 해결 업무'는 일상 업무 중에 맞닥뜨리는 문제에 집중하여 해결하는 업무입니다. 예를 들면, 영업팀이라면 비효율적인 영업 관행을 개선하기 위해 관리 시스템을 구축하거나 업그레이드하는 것, 또는 미수 채권 발생 가능성을 낮추기 위해 신규 영업 전에 신용 정보와 거래 정보를 사전에 제공하는 것 등입니다. 전략팀은 빠른 전략 개발을 위해 작성 양식을 간소화하거나 현업 부서의 의견을 폭넓게 청취하기 위해 온라인 소통 채널을 마련하는 것 등이 예시가 될 수 있습니다. 문제 해결 업무 수행을 위해서는 숙련된 기술과 개선 의지가 필요합니다.

'가치 창조 업무'는 기존의 프로세스와 관행에서 벗어나 차원이 다른 구도하에서 전에 없던 가치를 만들어 내는 일입니다. 예를 들어, 영업팀이 기존 영업 채널을 넘어 온라인이나 해외 시장으로 영역을 확장하거나, 전략팀이 애자일 방식 같은 새로운 업무 프로세스를 전면적으로 도입하는 등의 프로젝트를 입안하여 실행을 주도하는 작업 등이 여기에 속합니다.

이 세 가지 업무는 각기 맡은 역할에 따라 수행 업무의 배분 비율이 달라져야 합니다. 고연차 직원일수록 '가치 창출 업무' 비중이 높아야 하고, 주니어 직원일수록 '일상 업무'의 비중이 높아야 합니다. 이 부분은 업무 공정성 이슈와도 밀접하게 연관되어 있습니다.

'상황 #1'에서 보듯이 연봉이 높은 선배 직원이 처음부터 그 일을 했다는 이유로 상대적으로 원만한 업무를 맡는 경우가 적지 않습니다. 이런 현상이 계속되면 저연차 직원의 동기를 꺾을 수 있으며, 팀워크를 저해할 수 있습니다. 따라서, 연간 단위 사업 계획을 확정하고 업무를 배분할 때, 각자의 역할에 따라 일상 업무, 문제 해결 업무, 가치 창조 업무 등의 비율을 고려하는 것이 필요합니다. 또한, 조직 전반에 걸쳐 일상 업무 위주로 무난하게 목표가 설정되는 모습을 경계해야 합니다. 이런 경우 단기 목표 달성은 이뤄질 수 있지만, 길게 보면 지속성과 조직 역량은 떨어지는 결과를 낳을 수 있습니다.

참고로, '문제 해결 업무'를 처리할 때 우선순위와 관련해서 설명하겠습니다. 문제 해결은 기존 업무 관련한 애로사항과 장애물을 극복하고 대안을 제시해야 하는 만만치 않은 작업입니다. 특히 그동안 문제 해결 업무를 많이 다루지 않았거나 일상 업무에 매몰되어 있던 조직이라면, 신중한 접근이 필요합니다.

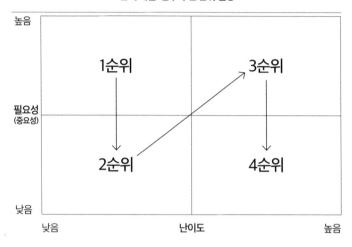

'문제 해결' 업무 우선 순위 설정

문제 해결 중에는 필연적으로 과거의 업무 관행을 개선의 관점에서 검토하게 되는데, 자칫 해당 업무를 수행했던 구성원의 반감이나 저항을 불러올 수 있습니다. 따라서, 난이도가 낮은 업무부터 처리하여 내부 구성원들로부터 문제 해결을 둘러싼 공감대를 확산하고, 수행 인원의 업무 동력을 확보하는 것이 현실적인 방법입니다.

당위성만 놓고 보면 중요하고 시급한 문제부터 해결해야 할 것 같지만, 조직의 현실과 구성원의 수용도를 고려할 때 난이도가 낮은 업무부터 시작하는 것이 초반 동력을 확보하는 데 도움이 될 수 있습니다. 최근 여러 그룹과 기업이 추진한 DX(디지털전환) 프로젝트가 좌초한 사례들이 있습니다. 너무 큰 과제를 초기에 해결하려다 보니 내부 반발이 심해서 추진 동력을 확보하지 못한 게 원인 중 하나로 언급됩니다. 현실을 감안하면 작은 과제부터 단계적으로 시도하면서 조직의 문제 해결 역량을 점차 높여 나가는 접근이 효과적입니다.

상황 #2 특정 직원 업무량이 많은 경우

경력사원으로 인사팀에 들어온 A 과장은 업무 배분을 이해하지 못하고 있습니다. 그가 속한 회사는 직원 수가 300명 정도 되는 중견기업으로 인사팀은 팀장을 포함해 총 5명입니다. 이 중 총무를 전담하는 1명을 제외한 4명이 인사 업무를 담당하고 있습니다.

A 과장은 현재 인사 기획, 채용, 교육 등 다양한 업무를 수행하고 있습니다. 그는 여러 조직에서 채용 업무를 경험했으며, 뛰어난 기획력을 인정받아 이 회사에 입사했습니다. 반면, 같은 팀의 B 차장은 성과 평가와 보상 업무를 맡고 있습니다. A 과장의 눈에는 B 차장의 업무가 연중 대부분의 시간 동안 한가해 보이고, 연말과 연초에만 잠시 바빠지는 것처럼 보입니다. A 과장은 자신보다 직위가 높은 B 차장이 오히려 일을 적게 하는 것 같아 납득하기 어려웠습니다. 또한, 업무 난이도가 높은 자신이 B 차장보다 평가 결과를 우수하게 받기 어렵다는 생각이 들었습니다. 그래서 그는 팀장에게 이의를 제기한 상태입니다.

일반적으로 업무 배분은 해당 직원의 역량(지식, 기술)과 동기

역량(지식/기술, 동기) 수준에 따른 업무 배분

높음	D 유형 새로운 업무 제시	A 유형 핵심 업무 배분
중간	E 유형 작은 단위 업무 부여	B 유형 도전적 업무 부여
낮음	F 유형 업무 수행보다 역량 개선 필요	C 유형 부족 역량과 관련 업무 부여

직무역량 수준(지식, 기술)

동기 수준   낮음 ─────────────── 높음

수준에 따라 판단하게 됩니다. 개인의 선호와 취향 등도 중요하지만 리더는 역량과 동기를 중심으로 배분 방향을 설정한 후 개별 직원의 처지를 고려하는 순서로 진행할 것을 추천합니다. 이러한 기준에 따라 직원을 다음과 같이 유형화할 수 있습니다.

① A 유형 (직무 역량 수준 高, 동기 수준 高)

조직에서는 대략 10~15%의 인원으로 최상급 인재입니다. 높은 역량 수준에 맞게 중요한 업무를 배분합니다. 주도성이 강한 성향을 보이고 있기에 적극적인 권한 위임을 고려하는 것이 좋습니다.

② B 유형 (직무 역량 수준 中, 동기 수준 高)

조직에서는 대략 10~20%의 인원으로 상급 인재입니다. 동기가 높으나 지식/기술 수준은 상대적으로 낮기 때문에 도전 업무를 부여해서 직무 역량이 발전할 수 있도록 독려하는 것이 중요합니다.

③ C 유형 (직무 역량 수준 低, 동기 수준 高)

대부분의 주니어 직원이 이 유형에 해당합니다. 업무 수용성이 높은 만큼, 직무 역량을 향상하는 데 도움이 되는 업무를 배정합니다. 직원이 일을 배우는 가장 좋은 방법은 적합한 일을 직접 수행하는 것입니다. C 유형 직원은 지식과 기술은 낮은 수준이므로 리더의 각별한 모니터링과 지원이 필요합니다.

④ D 유형 (직무 역량 수준 高, 동기 수준 低)

직무 역량은 높지만 업무 동기가 떨어진 상황으로 매너리즘에 빠졌을 가능성이 높습니다. 이런 경우 기존 업무와는 다른 업무를 배정하면서 동기를 촉진하도록 합니다.

⑤ E 유형 (직무 역량 수준 中, 동기 수준 低)

F 유형과 더불어, 전체 인원 중 대략 10~25%를 차지하는 하급 인력입니다. 동기가 낮으나 직무 역량 수준이 있는 만큼 좀 더 세밀한 관리가 필요합니다. 이들 중 상당수는 업무를 성공적

으로 수행한 경험이 부족합니다. 따라서, 작은 단위로 업무를 쪼개서 배분하고, 작은 성공을 경험하고 축적할 수 있도록 리딩하는 것이 주효할 수 있습니다. 즉, 자신감의 기억을 쌓도록 돕는 것입니다.

⑥ F 유형 (직무 역량 수준 低, 동기 수준 低)

직무 역량과 동기 수준이 모두 낮은 인재입니다. 즉각 업무에 투입하는 것보다 역량 향상을 위한 교육 훈련이 우선되어야 합니다. 만약, 저조한 수준이 지속될 때는 인사상 조치가 필요할 수 있음을 경고하는 것도 필요합니다.

보통 개별 직원은 조직 전체의 상황을 보기 어렵기 때문에 리더의 업무 배분 결정을 쉽게 수용하지 못할 수 있습니다. 이에 따라 현업 리더는 업무량 분배에 어려움을 겪게 됩니다. 그 동안의 경험으로 볼 때, 업무 배분에 가장 합리적인 기준은 '연봉'입니다.

회사와 연봉 계약을 할 때, 계약서에는 '본인의 연봉 정보를 타인에게 누설하지 않으며, 타인의 연봉 정보를 알려고 시도할 시 어떠한 인사상 조치도 감수한다'와 같은 조항이 있습니다. 이 조항이 현실적인지 의문이지만, 직원 관리를 해야 하는 리더 입장에서는 직원의 연봉 수준을 대략 정도는 파악하고 있어야 합니다. 연봉 정보는 보상 측면에서 리더가 반드시 알아야 할 중요한 정보이며, 이는 조직이 개별 직원에게 기대하는 역할과 직결됩니다. 물론 연봉의 정확한 액수까지 알 필요는 없지만, 대략적인 수준은 파악하고 있어야 합니다.

자신이 수행하는 업무의 양과 질이 받는 연봉에 비례한다는 점은 누구나 상식적으로 인정하는 사실입니다. 그러나 현실에서는 이러한 상식이 통하지 않는 경우가 종종 발생합니다.

상황 #2의 A 과장은 업무 배분을 수긍하지 않았지만, 실제 연봉은 B 차장보다 높았습니다. 최근 들어 경력직 채용이 많아지고 있기에 기존의 직위별 '연봉 구간(pay band)'이 희석되거나 체계가 무너지는 추세입니다. 따라서, 예전 개념인 '직위'를 벗어나 조직이 원하는 '역할'에 초점을 맞춰 업무를 분배하고 관리되는 관행이 필요합니다. 결국, '받은 만큼 일하라, 일한 만큼 책임져라'가 되겠습니다.

이것만 따라 하세요!

• 업무를 일상 업무, 문제 해결 업무, 가치 창조 업무로 구분하고 직위(직급)에 따라 적절히 분배하세요.

• 역량과 동기를 고려하여 직원을 여섯 가지 유형으로 분류하고 업무 배분을 하세요.

• 연봉 수준을 참고하여 업무량과 업무 난이도를 조정하되, '직위' 대신 '역할' 중심의 업무 배분으로 전환을 모색하세요.

5.
관점이 다른 직원과 소통하기

현장의 목소리: "생각이 이렇게까지 다를 수 있습니까?"

A 팀장에게 B 팀원은 두통거리다. 자신과 나이가 비슷하고, 현재 팀에서 오래 근무한 탓에 팀 내 영향력이 적지 않다. 그런데 대부분 이슈에 A 팀장과 다른 의견을 제시한다. 공개된 자리에서 자신을 망신 주려는 심산인가 싶어 얼마 전부터는 거리를 두고 있다.

지난주 상반기 전략 과제 보고 방향을 논의하는 중에 두 사람 사이에 충돌이 일어났다. B 팀원은 보고 시한이 다가오는 시점인데 새로운 방향으로 바꾸자는 의견을 냈다. 눈치를 보니 팀원 중 몇몇은 동조하는 눈치였다. A 팀장은 서둘러 기존 방향대로 진행하겠다는 결론을 내린 후 자리를 박차고 일어났다. 이제 감정의 영역까지 문제가 번진 듯했다.

A 팀장은 이 상황을 어떻게 해결해야 할지 고민에 빠졌다.

"혹시, 부서에 '로또' 같은 직원이 있나요?"

리더 대상 업무 소통 강의 시 단골로 물어보는 질문입니다.
처음에는 수강생들 대부분이 훌륭한 직원을 떠올립니다.

"그 친구가 제 인생의 로또 같습니다." "일을 잘하고 팀워크
도 훌륭해서 대단한 친구랍니다."

그러다 한두 명씩 제 '의도'를 파악하기 시작합니다.

"마냥 일 잘하는 좋은 직원을 말하는 게 아닌듯한데요…."

"네, 이제 설명해 드리겠습니다. 역대 로또 최고 당첨금은
2003년 407억 원이었다고 하네요. 만약 여러분이 407억 원을
받았다면, 오늘 이 자리에 함께했을까요." (웃음) "로또, 정말 당
첨 안 되죠? 제가 말하는 '로또 같은 직원'은 정말 징글징글하게
나와 안 맞는 직원을 의미합니다."

그런데 이런 직원이 거의 모든 조직에 존재합니다. 분명 실
력은 있는데, 나름대로 노력은 하는데, 리더와는 초점이 맞지 않
는 직원입니다. 의견을 내는 족족 나와 다른 세상에 사는 사람
처럼 말합니다. 초급 사원이라면 어떻게 뭉개서라도(?) 가겠는
데… 정말 답답합니다.

이런 경우 짧은 시간 안에 쌍방의 관점을 맞춰볼 수 있는 간
단한 양식 한 가지를 소개하겠습니다. 관점 정렬 양식을 활용하
는 것입니다.

리더-직원 간에 관점 정렬 양식

리더 생각에 'OOO 직원'이 해야 할 가장 중요한 활동 다섯 가지	우선 순위	'OOO 직원' 스스로 생각하는 가장 중요한 활동 다섯 가지
	1	
	2	
	3	
	4	
	5	

회의실에 해당 직원을 부릅니다. 일의 우선순위에 관한 의견을 한번 맞춰보자고 취지를 설명한 후, 양식을 주고 서로 적어봅니다. 작성 후 교환하며 각자 생각을 확인합니다. 진행하는 세부 방법은 다음과 같습니다.

① 직원이 수행해야 할 활동 다섯 가지를 우선순위에 따라 적는다.

특정 시기 동안 해당 직원이 가장 중요하게 해야 하는 활동에 대해 리더와 직원이 동시에 작성합니다. 작성 시간은 10~15분 정도가 적당합니다. 떠오르는 대로 기재합니다. 이를 통해 평소 업무(할 일)를 얼마나 고심하는지 엿볼 수 있습니다.

② '할 일(Task)'이 아니라 '할 일'이 잘 되게 하는 구체적인 '활동 아이템(Action item)'을 적는다.

부서원과 함께 양식을 작성했다는 어느 부서장님께 후일담을 들었습니다. "깜짝 놀랐습니다. 작성한 걸 보니 저랑 직원이랑 100% 같더라고요. 평소에 저랑 엄청나게 의견 충돌이 많았던 직원이었는데 말이죠!" 알고 보니 두 사람 모두 그 부서 직무를 나열했습니다. 예를 들어, 마케팅팀이라면 '온라인 프로모션 목표 달성', '신규 고객군 타겟팅 전략 수립' 등과 같이 뻔하게 해야 할 일(Task)을 적어 둔 것이었습니다. 그게 아니라 할 일(Task)이 되게끔 하는 세부 실천 항목(Action item)이어야 합니다. 가령 첫 번째 할 일을 위해서는 '프로모션 협력사 추가 모집', 'SNS 프로모션 추진', '시장 조사를 위한 신규 기관 활용' 등 입니다.

③ 상대방이 작성한 내용을 검토한다.

리더는 직원과 관점 차이를 확인하고 자신의 관점을 설명합니다. 리더의 관점에 직원을 맞추는 게 기본 원칙입니다. 다만, 반대되는 상황도 있습니다. 특이한 상황을 말씀해 주신 임원분이 있었습니다.

"그룹장이 잘못 생각하고 있다고 여겼죠. 그런데 그룹장이 작성한 내용을 보니 순간 멍하더군요. 굉장히 중요한 포인트인데 제가 놓친 부분이 있다는 걸 알게 됐습니다."

실제 생각의 차이가 눈앞에서 벌어지게 되면 리더나 직원이나 상대의 업무 방향성을 차분히 생각하게 됩니다.

간단한 A4 용지 한 장짜리 양식(리더-직원 간 관점 정렬 양식)으로 서로의 생각 차이를 시각화하고 건설적인 소통의 기회를 얻을 수 있습니다. 이 방법은 현재 갈등 상황에 있는 직원과 즉시 시도해 볼 수 있으며, 연말연시 사업 목표 수립 시기에도 전체 직원과 함께 활용하면 상호 이해를 높일 수 있습니다.

서로 잘 아는 사이에서는 이런 형식적인 절차가 어색할 수 있습니다. 하지만 사람은 말보다 글로 표현할 때 더 진지하고 체계적으로 자신의 의견을 정리하는 경향이 있습니다. 리더는 휘발성이 높은 말보다 글을 활용하는 것이 소통에 큰 효과가 있음을 기억해야 합니다.

이 방법을 통해 A 팀장과 B 팀원 사이의 갈등도 새로운 국면을 맞이할 수 있습니다. 각자 생각을 구체적으로 정리하고, 서로 비교함으로써 단순한 의견 차이를 넘어 상대 관점을 이해하고 공통점을 찾아갈 기회가 될 것입니다.

이것만 따라 하세요!

• 관점이 맞지 않은 직원과 양식을 작성하여 서로 업무 관점 차이를 시각화하여 대화하세요.

• 부서 전체와 연말연시 사업 목표 수립 시에도 활용하여 상호 이해를 높이세요.

• 말보다는 글로 생각을 정리하고 소통하는 습관을 들여 의사소통의 효과성을 높이세요.

6.
특정 직원에게 일이 몰릴 때

현장의 목소리: "저에게 이런 일이 생길 줄은 정말 몰랐어요."

A 팀장에겐 오랫동안 손발을 맞춰온 B 프로가 있다. A 팀장이 실무자였을 때부터 함께 일해온 직원으로 팀 내 최고의 에이스이자, 사업부에서도 실력을 인정받는 '일잘러'였다. 둘은 높은 신뢰와 원활한 소통을 바탕으로 건강한 관계를 유지해 왔다.

최근 몇 개월 동안, 조직의 장기 비전 리뉴얼 작업에 전념했다. 마침내 작성이 마무리되고, 발표를 이틀 앞둔 어느 날, 예상치 못한 일이 발생했다. B 프로가 아무 연락 없이 출근하지 않은 것이었다. A 팀장은 걱정이 되어 연신 휴대전화로 통화를 시도했지만, 응답이 없었다.

오후가 되어 B 프로의 자택을 방문한 A 팀장은 충격적인 소식을 들었다.

B 프로가 아침 출근길에 쓰러져 응급실로 이송됐다고 했다. B 프로의 아내는 울면서 A 팀장을 원망했다. "개인 생활 없이 일만 하다가…"

A 팀장은 고개를 떨구고 말았다. 회사로 돌아오는 길, 그는 깊은 자괴감에 빠졌다.

일은 계속해서 복잡해지고, 완결 기한은 점점 짧아집니다. 이럴수록 리더는 지시한 바를 바로 알아차리고 단기간 내에 결과물을 가져오는 믿음직한 직원을 자주 찾게 됩니다. '일은 계속 떨어지는데, 처리에 능숙한 직원에게 맡기는 게 당연하지 않나?'라는 생각을 하게 됩니다. 하지만 이런 경우 업무가 몰리는 직원이나 일에서 소외되는 직원이나 모두 불만이 쌓이게 됩니다.

업무가 몰리는 직원의 경우 최악의 상황에는 번아웃이 올 수 있습니다. 번아웃은 예고 없이 찾아옵니다. 번아웃을 한 번 겪고 나면 심신이 모두 상처를 입고, 원래대로 원기를 되찾아 다시 회사로 돌아오기가 쉽지 않습니다. 결국, 오랫동안 손발을 맞춰왔던 믿음직한 직원을 잃게 됩니다.

업무에서 소외된 직원의 경우에도 인정받을 기회를 얻지 못한 것에 낙심하게 됩니다. 물론 일시적으로는 그럴 수도 있지만, 이 현상이 만성화로 이어진다면 심각한 문제가 됩니다.

우리가 일을 배우는 과정을 잠깐 상기해 봤으면 합니다. 우리는 대부분 교육과 훈련을 시작으로 실전에서 업무를 수행하며 실력을 키워왔습니다. 따라서, 일을 잘하지 못한다는 이유로 업무 기회를 주지 않는다면 성장할 기회를 박탈하는 것이나 다름없습니다.

프로야구 한화 이글스 구단에는 '장종훈'이라는 프랜차이즈 스타가 있습니다. 타자 중에 가장 영예로운 타격왕 타이틀을 가진 선수입니다. 하지만 원래는 정식 선수가 아니라 연습생 출신이었습니다. 감독은 성실한 그를 믿고 2군 경기에 출전시켰습니다. 실전 경기에서 뛰어난 타격감을 보여주자, 1군으로 승격하여 한화 구단에 영원히 남을 전설적인 타격왕이 됐습니다. 만약 프로야구 리그가 1군과 2군 이렇게 분리되지 않았다면 '타격왕 장종훈'이 등장할 수 있었을까요? 그는 아예 출전 기회 자체를 얻지 못했을지도 모릅니다.

우리가 일하면서 실력을 배양한 것처럼 야구 선수도 경기에 나서야 실력을 쌓을 수 있습니다. 그렇기에 1군 KBO 리그, 2군 퓨처스 리그로 나눠서 선수들에게 출전 기회를 폭넓게 제공하는 것은 좋은 제도입니다. 사람의 능력은 한순간에 급격히 발전하기 어렵습니다. 그래서 시간을 두고 기다릴 줄도 알아야 합니다. 직원 육성도 마찬가지입니다. 이를 위해 부담은 줄이고, 실력은 늘리는 접근법을 제안합니다.

- 업무 분리: 업무를 '기획-운영', '계획-실행', '운행-보수', '개발-유지' 등으로 분리합니다. 핵심적인 부분과 비핵심적인 부분, 난이도(중요도)가 높은 부분과 낮은 부분으로 구분합니다.

- 협업 구조 만들기: 능숙한 직원과 그렇지 않은 직원을 묶음으로 구성하여 함께 일하도록 합니다. 이를 통해 능숙한 직원의 부담은 줄이면서 다른 직원에게는 학습 기회를 제공합니다.
- 점진적 적용: 이 방식을 전체 업무에 한 번에 적용하기보다는, 중요도가 낮고 기한에 여유가 있는 업무부터 시작하는 것이 좋습니다. 짧은 납기에 걸린 업무는 기존 방식대로 처리합니다.
- 유연한 업무 조정: 직원들 간에 업무 처리 속도 차이로 인한 지연을 고려하여, 빠른 직원에게는 추가 업무를 배정하는 등 유연하게 대응합니다.
- 상위 리더와 소통: 업무 배정 기준과 관련하여 상사와 사전에 협의하며 조직의 이해와 지원을 확보합니다.

이러한 접근은 단기에는 업무 처리 속도가 다소 늦어질 수 있지만, 장기로는 조직 전체의 역량을 높이고 건강한 업무 문화를 조성하는 데 도움이 됩니다. 직원들의 균형 있는 성장은 결국, 조직 전체의 성과 향상으로 이어집니다. 이때 리더의 역할이 중요합니다. 리더는 단순히 업무를 배분하는 것을 넘어, 각 직원의 성장 과정을 모니터링하고 적절한 지원을 제공해야 합니다.

이것만 따라 하세요!

- 업무를 '핵심-비핵심', '고난도-저난도', '중요도 상-중요도 하' 등으로 구분
  하세요.
- 일 잘하는 직원과 다소 부족한 직원이 그룹으로 함께 일하도록 하세요.
- 마감에 여유가 있는 업무부터 시작하여 시나브로 확대하세요.

7.
'명확한' 지시를 둘러싼 오해

현장의 목소리: "피드백을 확실히 해주세요!"

2023년 4월, 'MZ세대가 꼽은 이상적인 직장 상사'를 묻는 설문조사 결과가 흥미로운 점을 시사했다. 잡코리아와 알바몬이 MZ세대 직장인 1천여 명을 대상으로 실시한 이 조사에서 1위를 차지한 것은 바로 '피드백이 명확한 상사'였다. 아직도 많은 리더가 분명하지 않은 업무 관행에 젖어 있다는 현실을 보여주고 있다. 실제 현업 부서의 직원들과 대화해 보면, 상사의 업무 지시를 이해하기 어렵다는 불만이 자주 들린다. 불명확한 지시로 인해 업무 수행에 어려움을 겪고 있다고 했다. 반면, 리더들 역시 쉽지 않은 상황에 부닥쳐 있다. 본인도 복잡하고 불확실한 상황 속에서 명쾌하게 업무를 정의하기 힘들다고 하소연한다. 지시자와 수행자의 견해차가 이쯤 되면 '명확한 지시'의 의미를 다시 한번 생각해 볼 필요가 있지 않을까?

최근 비즈니스 코칭을 진행했던 어느 신임 팀장의 사례를 들겠습니다. 안타깝게도 조직 내부의 리더십 진단에서 평균보다 낮은 결과를 받은 분이었습니다. 직원들이 주관식으로 작성한 부분을 보니 눈에 띄는 구절이 보였습니다.

"팀장님의 업무 지시가 명확하지 않습니다."

"정확하고 분명하게 말해 주시면 좋겠습니다."

저는 직원들의 피드백을 보고는 팀장에게 문제가 있을 거라는 선입견을 품고 코칭을 시작했습니다.

"코치님, 저는 직원들이 생각하길 원했습니다. 그래서 처음부터 답을 제시하지 않고, 질문하고 직원들이 생각하길 기다렸습니다. 아마도 그것을 몇몇 팀원이 불편하게 느꼈나 봅니다."

지금의 신임 팀장 이전의 팀장은 무척 카리스마 넘치는 리더였다고 합니다. 전문 지식과 경험이 많아 항상 답을 제시했다고 합니다. 그래서 회의 방식은 거의 일방적인 지시 위주였다고 했습니다. 저는 리더십 스타일 차이에서 이 문제가 시작됐다는 생각이 들어 다음과 같이 조언했습니다.

"그 팀장님 스타일이 다 틀린 건 아닐 겁니다. 그렇지만 다 맞는다고도 할 수 없어요. 저는 전임 팀장의 이른바 '떠먹여 주는 지시'에 익숙해진 팀원들에게 문제가 있다고 봅니다."

신임 팀장은 저를 약간 어리둥절한 상태로 쳐다봤습니다.

"그럼, 제가 어떻게 하면 될까요?"

"본심을 얘기하세요. 이건 팀장님의 리더십 원칙이니까요, 전체가 모인 장소에서 진지하게 말씀하세요. '앞으로 나는 질문을 많이 던지겠다. 그 이유는 이렇다. 앞으로 과제는 함께 풀어간다. 그 과정에서 팀장이 잘못하는 부분은 적극적으로 피드백을 달라'고 말입니다."

실제 그 팀장님은 팀원들과 워크숍을 통해 진의를 설명하고 이해를 구하는 자리를 가졌습니다. 코칭 이후 실시된 리더십 진단에서 크게 향상된 결과를 받았다는 소식을 전해왔습니다.

명확함을 다시 생각하다

세상은 변하고 고객은 아우성치며 경쟁사는 날아다닙니다. 리더는 어떻게 해야 할지, 어떤 방법으로 이슈를 잠재울지 답을 알지 못하는 형편에 더 많이 노출되어 있습니다. 이런 상황에서 다음과 같은 리더가 있다고 가정하겠습니다.

'분명하게 지시하려면 내가 잘 알아야 할 테니… 많이 준비해야겠어. 모른다고 하면 그 무슨 창피야! 권위가 떨어지고 리더 자격이 없다고 하겠지?'

리더라면 뭘 좀 알고 나서 지시해야 한다는 압박감에 얽매인 사고입니다. 나름대로 결론에 도달하려고 혼자 열심히 공부에 나섭니다. 그 시간이 2주 정도가 걸렸다면, 이제야 조금 준비된 것입니다. 하지만 팀원 입장에서는 어떨까요? 해당 업무는 알지 못한 채 2주는 그냥 비어만 있지 않았을까요? 애초부터 리더가 '질문'했더라면 함께 고민해 볼 수 있었을 텐데 하는 아쉬움이 남습니다. 시간도 훨씬 절약했을 텐데 말이죠.

이런 실수를 하기 전에, 리더가 스스로에게 혹은 직원들에게 던질 수 있는 좋은 질문 7가지를 소개합니다.

- 기존과 다른 관점에서 보면 어떨까?
- 전과 다른 방식으로 활용할 방법은 무엇일까?
- 시간과 공간을 바꿔 상상하면 어떨까?
- 다른 방식으로 연결하거나 결합해 볼 수는 없을까?
- 일의 방식을 변경할 방법은 무엇일까?
- 전혀 다른 것을 만들거나 추가할 수는 없을까?
- 전혀 다른 가치를 상상할 수는 없을까?

'혁신가의 질문'이라고 하는 SEIQ(Seven Essential Innovation Questions)입니다. 혁신은 요즘 리더에게 매우 중요한 미션 중 하나이기 때문에 현재의 업무를 어떻게 효율적으로 변경할지부터 기존에는 없던 가치를 창출하는 것까지 '질문 던지기'는 기본이 되고 있습니다.

새로운 소통의 방향

이제는 리더와 직원 모두가 업무 지시에 대한 인식을 바꿔야 할 때입니다. 직원들은 단순히 상세한 지시만을 기대하지 말고, 스스로 생각하고 해결책을 구상하는 자세가 필요합니다. 리더 또한, 모든 답을 알고 있어야 한다는 부담에서 벗어나, 팀과 함께 해결책을 '만들어 가는' 과정임을 인정해야 합니다.

명확한 업무 지시란 단순히 세부적인 방법을 알려주는 것이 아니라, 현재 상황을 정확히 전달하고 함께 해결책을 모색하는 과정을 의미합니다. 특히 일상 업무가 아니라 문제 해결 업무나 가치 창조 업무라면 이러한 접근이 더 중요합니다.

결론적으로 말해, 빠르게 변화하는 현대 조직에서는 리더와 직원 모두가 업무 지시와 소통 방식을 다시 생각해야 합니다. 일방적인 지시보다 상호 협력과 오랜 대화를 통해 문제를 해결하는 새로운 관행을 쌓아가는 것이 중요합니다.

이것만 따라 하세요!

- 업무 지시를 할 때 현재 상황을 정확히 전달하는 것도 명확한 지시의 일부임을 인지하세요. 이를 구성원과 공유하세요.
- 때로는 답을 바로 제시하기보다 직원의 생각을 촉발하는 질문을 던지세요.
- 구성원과 관행을 벗어난 해결책을 모색할 때는 혁신가의 질문(SEIQ) 7가지를 활용하세요.

8.
리더는 위임으로 관리한다

현장의 목소리: "어떻게 업무를 관리해야 할지 모르겠네요."

마케팅 프로모션 팀장 A는 다섯 명의 팀원과 일했다. 개개인의 취향과 선호 사항을 파악했고, 좋은 관계를 유지했다. A는 이런 관계를 통해 업무가 원활히 진행된다고 생각했다. 그러다 회사 영업 실적이 부진에 빠졌다. 경영진은 A 팀장을 영업팀으로 전보 발령했다.

이곳의 팀원 수는 열다섯 명이었다. 한 명씩 일대일 면담을 하는 것만으로도 2주가 '순삭'됐다. 낯선 일이라 업무 지시 하나를 하기 위해서도 읽어야 하는 보고서는 6~7건 정도가 되었다. 그리고 서로 다른 환경에서 영업 활동하는 직원들이다 보니 의견 충돌이 많았다. 이 같은 갈등 해소에도 에너지가 많이 들어갔다.

결국, A 팀장은 '직접' 관리가 불가능하다는 생각이 들었고 상사와 협의하여 비공식적으로 팀 차석을 두기로 하고 차장 한 명에게 언질을 줬다. 그러나 시큰둥하게 반응하는 차장의 얼굴을 보면서 두려움을 느끼게 됐다. '앞으로 간접 관리도 어려울 것 같은데 어떻게 해야 하나?'

한국의 리더는 참으로 딱한 처지에 내몰리고 있습니다. 급변하는 시장 환경 속에서 평균 이상의 성과를 내기도 벅찬데, 관리해야 할 직원 수는 점점 늘어나고 있습니다. 이런 상황에서 대부분의 리더는 자신만의 고유 업무까지 함께 처리해야 하는 부담을 안고 있습니다. 그럼에도 '위임'에 서툰 모습을 보이는 리더가 적지 않은데, 이유를 살펴보면 흥미로운 몇 가지 점들이 보입니다.

- 업무를 세세하게 설명해 주는 것보다 직접 처리하는 게 효율적일 것 같아서
- 업무를 충실하게 수행할 직원이 없거나 부족해서
- 일을 넘기고 편하게 관리만 한다는 소리를 들을까 봐

첫 번째 이유를 한번 생각해 보겠습니다. 직접 처리하는 것이 일시적으로는 더 맞을 수 있습니다. 다만, 장기적으로는 팀의 성장을 저해하고 리더 자신의 업무에 과부하가 올 수 있습니다. 일할 사람이 없다는 두 번째 이유는 신생 조직이거나 직원이

대부분 주니어로 구성된 경우에는 어느 정도 용인될 수 있다고 봅니다. 그러나 기성 조직에서도 리더가 이런 식으로 생각하며 위임을 주저하는 것은 결코 작은 문제가 아닙니다. 직원의 역량 개발 기회를 제한하기 때문에 그렇습니다.

세 번째 이유는 리더가 자기가 진짜 할 일을 찾지 못하고, 일 상적인 업무를 놓지 않는 경우가 아닌가 합니다. 직원 눈치를 보면서 욕은 먹기 싫으니, 잡무를 끌어안은 실정입니다. 리더가 자신의 역할을 오해하거나 불안해한다는 뜻입니다. 이럴 때 리더 자신은 매우 바쁘면서도 직원들에게 리더 역할을 제대로 못 한다는 불평을 듣기 쉽습니다.

위임 = 업무 구조화 수단

일반적으로 위임은 직원의 자율성과 주도성을 높이는 '동기 발현(motivation)' 측면에서 주로 논의되었습니다. 물론 이는 틀린 말이 아닙니다. 권한을 부여받은 직원은 더 적극적이고 능동적 으로 일한다는 게 정설입니다.

저는 위임을 조직 전체의 업무를 효율적으로 구조화하는 수 단으로 주목하고자 합니다. 리더의 자원은 한계가 있고, 모든 일 을 혼자 감당할 수 없기 때문입니다. 또한, 직원마다 능력과 경 험의 차이가 있어 각각 다르게 접근해야 합니다. 이런 상황에서 위임은 리더와 직원의 다양한 상황에 맞춰 업무를 배분하고 조 직화하는 데 큰 도움이 됩니다. 따라서, 위임의 유형과 특성을

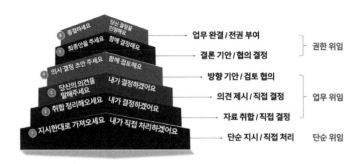

이해하면 업무 구조를 파악하고 직원 간 균형을 맞추는 업무 할당이 가능해집니다.

위임의 계층을 여섯 개 수준으로 구분하여 살펴보면, 직원에게 기대하는 수준과 리더가 맡아야 할 역할이 다름을 알 수 있습니다.

① 단순 지시 / 직접 처리(1단계)

최근에는 리더 역시 실무를 수행합니다. 따라서, 아주 간단한 업무이거나 리더만이 유일하게 처리하는 업무라면, 직원에게 단순 지시만 하고 대부분 업무를 리더가 처리합니다. 리더의 업무는 전략적 중요성이 아주 높거나 기밀 사안인 경우 등입니다. 예를 들어 회의실 예약, 다과 준비 같은 업무 지원 활동은 직원에게 지시하고, 그 외 핵심 업무 수행 전체는 리더가 맡는 형태입니다. 위임 단계에서 가장 낮은 수준의 '단순 위임'입니다.

② 자료 취합 / 직접 결정(2단계)

결정의 기초가 되는 데이터를 수집하고 정리를 지시하는 단계입니다. 이때 직원의 주관적 의견은 포함되지 않으며, 리더의 기본적인 관점 정립, 가설 설정, 결과 예측 등의 활동에 주로 활용됩니다.

③ 의견 제시 / 직접 결정(3단계)

리더는 2단계에서 수집된 자료를 가지고 대략 감을 잡은 후 다른 사람의 의견을 구할 수 있습니다. 주로 리더의 부족한 전문성을 보완해 주는 직원이나 이해관계자에게 협조를 구하는 것입니다. 이때 듣게 되는 의견은 참고용일 뿐, 의사결정은 리더가 직접 합니다.

④ 방향 기안 / 검토 협의(4단계)

기본 데이터나 현황 파악이 어느 정도 이루어졌거나, 숙련된 직원 덕분에 기안의 초기 단계(초안)까지 준비가 가능한 상황입니다. 이때의 기안은 유관 부서와 협의를 위해 내부 검토용으로 활용될 수 있습니다. 그리고 의욕이 있는 직원에게 어느 정도까지 독자 진행을 맡긴 후 리뷰만 해도 됩니다. 통상 2~4단계를 통틀어 '업무 위임'이라고 합니다. 리더는 업무 일부를 할당하며 직접 결정하거나, 검토와 협의를 통해 최종 결정합니다.

⑤ 결론 기안 / 협의 결정(5단계), 업무 완결 / 전권 부여(6단계)

최종안 기획을 수행할 만큼 전문성을 갖춘 직원이 있거나, 그 직원 외에 다른 직원은 업무를 수행할 수 없는 상황일 때의 위임입니다. 결론 도출까지 별다른 의사결정이 필요하지 않은 경우에도 해당합니다. 아울러 직원의 업무 역량을 향상하거나 자신감을 불어넣을 목적으로 업무를 맡길 수도 있습니다.

5, 6단계는 최종 결정에 미치는 직원의 영향력을 크게 인정합니다. 아울러 업무 수행에 필요한 자원의 사용권도 허용합니다. 이처럼 직원의 전문성을 최대한 활용할 때 필요한 것이 리더가 가진 권한의 위임입니다.

위임의 수위별 접근은 부서 업무를 더욱 체계적으로 구조화하고, 각 구성원의 능력과 상황에 맞는 최적의 업무 분배를 가능하게 합니다. 또한, 리더는 이를 통해 자신의 시간과 에너지를 더욱 중요한 의사결정과 전략적 사고에 집중할 수 있습니다.

적합한 위임 방식

근무 중에 흔히 일어나는 다섯 가지 사례를 들어 보겠습니다. 상황마다 합리적인 '위임 형태'를 생각해 보십시오.

[상황 예시]

1. 우리 팀은 현재 디지털 전환 관련 전사 프로젝트 TF에 팀원 2명을 파견했다. 그런데 TF에서 우리 팀원과 유관 부서 직원 사이에 심각한 갈등이 일어났다. TF 책임자가 개입했지만, 해결이 어려운 상황이다.

2. 다음 달부터 우리 회사를 대상으로 한 회계감사를 상급 기관에서 실시할 예정이다. 우리 팀은 사업팀이라 직접적인 감사 대상은 아니지만, 수감 업무 지원 부서로 선정됐다. 3년마다 실시하는 정기 감사이며, 우리 팀에는 지원 업무를 경험했던 팀원이 있다.

3. 내년 사업 목표를 확정하는 시기가 됐다. 상사는 우리 부서 목표를 올해 실적 대비 20% 신장하라고 지시했다. 성장 목표를 달성하는 구체적인 전략과 방안을 작성해야 한다.

4. 하반기에 사업부 주관으로 신규 사업 전략 수립 프로젝트가 시작될 예정이다. 전략 수립 지식과 경험이 있는 사람은 팀장과 홍길동 매니저만 있는 상황이다. 홍 매니저가 프로젝트에 참여한다면 그가 수행했던 업무는 다른 사람이 맡아야 한다.

5. 새해가 되자마자 신입 사원 2명이 배속됐다. 3주간 전사(全社) 교육만 받았다. 다음 단계로 부서별 실무 훈련이 필요하다. 하지만 현재는 부서원 모두가 업무에 바쁜 상황이고, 부서장 역시 수행할 일이 넘쳐난다.

[위임 예시]

1. 종종 리더는 외부 TF에서 활동하는 직원과 관련된 사안에 무심할 수 있습니다. 물리적으로 떨어져 있는데다 우리 조직 업무와 일시적으로 단절되어 있기 때문입니다. TF 내부 갈등 상황은 우선 TF 리더가 나서서 해결하는 것이 순리입니다. 하지만 문제가 해소되지 않으면 해당 부서 리더가 직접 나서야 합니다. 그리고 갈등의 상대측이라 할 수 있는 유관 부서 직원 쪽도 해당 부서 리더가 함께 참여해야 합니다. 바람직한 위임 형태는 1단계(단순 지시 / 직접 처리)입니다.

2. 정기 감사인 경우에는 충분히 예상할 수 있는 항목을 점검합니다. 이때는 경험을 가진 팀원에게 감사 지원 업무 전반을 맡기고 리더는 특이 사항만 챙깁니다. 바람직한 위임 형태는 5단계(결론 기안 / 협의 결정)입니다.

3. 매우 중요한 목표, 전략 등의 사안은 당연히 리더 본인의 고유 업무라고 생각하기 쉽습니다. 하지만 절반은 받고 절반은 틀린 얘기입니다. 매년 세우는 내년도 사업 계획은 가치 있는 업무지만 일상 업무라고도 할 수 있습니다. 분명 수행해 본 직원이 있을 것입니다. 또한, 목표 달성을 위한 실행 주체는 직원이기에 기획부터 직접 참여하는 편이 동기를 끌어내기에 더 도움이 될 수 있습니다. 먼저 예년 작업을 상기하며, 개선점을 묻는 것부터 시작하는 것이 좋습니다. 바람직한 위임 형태는 4단계(방향 기안 / 검토 협의)입

니다.

4. 여러 부서가 함께 참여하는 TF 활동은 다양한 분야에서 전문 지식과 경험을 가진 멤버로 구성됩니다. 홍길동 매니저의 TF 참여로 리더가 현재 업무를 대신 맡아야 하는 부담이 있습니다. 그래서 리더 자신의 상황부터 고려해야 합니다. 다소 여유 있는 상황이라면 직접 TF 멤버가 될 수 있습니다. 다만, 이런 경우는 매우 드물고 합리적이지도 않습니다. 따라서, 홍길동 매니저에게 TF 업무의 전권을 위임하고 그의 업무를 부서원에게 배분하는 것이 좋습니다. 그리고 임시로 일부 업무를 리더가 직접 수행할 수 있음도 고려해야 합니다. 바람직한 위임 형태는 6단계(업무 완결 / 전권 부여)입니다.

5. 리더를 포함한 구성원 누구도 전담하기 어려운 상황입니다. 이런 경우 교육보다는 실무에 투입하여 작은 일이라도 수행하도록 전환하는 게 효과적입니다. 즉, 상황이 여의치 않다면(위임을 고려할 상황이 못 된다면) 위임에 매달리지 말고 다른 방식을 고려해야 합니다. 신입 사원에게 부서 상황을 잘 설명하고, 리더는 중간중간 진행 상황을 점검하는 게 필요합니다. 이를 위해 신입사원과 함께 업무를 진행하는 선배 사원에게 간략한 리뷰를 작성하도록 해서 이를 바탕으로 신입사원과 면담을 진행합니다.

부서 전체의 업무 구조

위임 수준에 따라 부서 전체 업무를 정리하면, 한눈에 업무 현황을 파악할 수 있는 '위임 구조도'가 만들어집니다. 각 셀에 업무 내용, 담당자, 기한(주기)을 기재하면 됩니다.

예시: 영업기획팀 위임 구조도

위임 정도	TASK 1	TASK 2	TASK 3	TASK 4	TASK 5
업무 완결	고객사 연락처 정리	실적 개선 TF 참여			
	이병현 대리, 수시	유광남 차장, 해당 시점			
결론 기안	월간 업무 보고 작성	주간 업무 보고 작성	4분기 재계약 준비	경쟁사 동향 분석(정례)	
	이병현 대리, 월말	이병현 대리, 매주	홍길동 사원, 11/10	손해진 과장, 10/30	
방향 기안	기존 채널사 모임 준비	타 부서와의 시너지 창출	잠재 경쟁사 동향 정보	영업 매뉴얼 작성	3분기 실적 분석
	손해진 과장, 10/25	유광남 차장, 11/15	손해진 과장, 10/30	손해진 과장, 10/30	손해진 과장, 11/05
의견 제시	시장 트렌드 분석(정례)	중장기 영업 전략 수립			
	이병현 대리, 10/15	유광남 차장, 11/30			
자료 취합	신규 채널 발굴 전략 수립				
	이병현 대리, 10/20				
단순 지시	전략보고서 오타 체크				
	홍길동 사원, 10/10				

작성이 끝났으면 제일 먼저 검토해야 할 부분은 상부와 하부의 일입니다. 상위 세 부분(방향 기안, 결론 기안, 업무 완결)은 위임 정도가 상대적으로 높고, 하위 세 부분(단순 지시, 자료 취합, 의견 제시)은 낮습니다.

예시 구조도를 보면 누구에게 얼마큼의 업무가 배분돼 있는지 바로 알 수 있습니다. 상당수 업무가 팀원에게 위임돼 있다고 볼 수 있습니다. 기타 조건이나 환경을 고려하지 않는다면 팀원의 업무 부담이 적지 않은 상황입니다. 실적 개선 TF에 참여 중인 '유광남 차장'은 팀 업무에 직접 기여를 거의 못 하는 상황입니다. 그래서 '손혜진 과장'이 많은 업무를 담당하거나 참여하고 있습니다. 즉, '손혜진 과장'의 업무량은 과중한 상태입니다. 이처럼 위임 구조도를 그려보는 것만으로 다음과 같은 효과를 기대할 수 있습니다.

- 위임 수준 평가: 상부와 하부의 업무 분포를 통해 위임 정도를 평가할 수 있습니다.
- 업무량 상태 확인: 팀원별 업무량을 비교할 수 있어 과부하 여부를 판단할 수 있습니다.
- 업무 분배 현황 파악: 누가 어떤 업무를 담당하는지 쉽게 알 수 있습니다.

지금까지 위임을 업무 관리 관점으로 살펴봤습니다. 리더는 전체 작업을 동등하게 관리할 수 없기 때문에 위임 프레임워크를 사용하여 전체 작업을 살펴보고 작업 부하의 균형을 맞출 수 있습니다. 또한, 직원의 작업 능력을 향상시키고 경험을 쌓고 열정을 자극하는 데에도 사용됩니다. 리더 입장에서는 실무 부담에서 어느 정도 벗어나야 리더의 고유 업무에 집중할 수 있습니다. 위임은 리더와 실무자 모두에게 실용적인 도구입니다.

이것만 따라 하세요!

- 위임 구조도를 작성하여 업무 분포와 개인별 업무 부하를 전체 그림으로 파악하세요.
- 작은 업무라도 팀원 역량과 조직 상황에 맞게 위임을 시도하세요.
- 리더의 시간과 에너지를 중요한 의사결정과 전략 업무에 집중하세요.

9.
위임의 잘못된 사례 다섯 가지

앞서 업무 관리의 유용한 틀로 '위임'을 소개했습니다. 리더가 모든 일을 똑같이 신경 쓸 수 없기에, 위임은 전체 업무를 한눈에 보고 균형을 맞추는 데 도움이 됩니다. 하지만 안타깝게도 현실에서는 위임이 오용되는 사례가 적지 않는 듯합니다.

사실 한국의 리더는 권한을 '위임받은' 경험이 많지 않습니다. 과거에는 상위 리더가 역할을 할당하고, 하위 리더나 직원들은 그저 따르는 방식이 보편적이었습니다. 하지만 지금은 완전히 다른 상황에 직면해 있습니다. 예전처럼 직원을 단순한 실행 부대쯤으로 여길 수 없습니다. 젊은 직원들은 스스로 설득되지 않으면 일을 잘 하지 않습니다. 그래서 오래된 지시 방식이 아닌 새로운 접근법이 필요해졌고, 위임이 다시 주목받고 있습니다.

위임의 중요성은 많은 리더의 머릿속에 자리 잡고 있습니다. 하지만 실제로 위임을 받아본 경험이나 위임을 해본 경험이 부족하다 보니, 의도하지 않은 여러 문제가 발생하곤 합니다. 다음의 다섯 가지 사례를 통해 위임을 제대로 실행하는 방법을 알아보겠습니다.

① 사례 1. "위임이요? 맡겼으니 놔두는 거 아닌가요?"

위임을 '방목'처럼 생각하는 잘못된 태도입니다. 소를 키우는 농장주에게 물어본 적이 있습니다. "넓은 목장에 소를 그냥 풀어놓고 마음대로 다니게 하나요?" 그의 대답은 예상 밖이었습니다. "어허… 큰일 날 소리 하네. 이곳 땅 주인이 다 달라서 중요한 지점마다 나무 울타리가 있어. 남의 땅에 가서 풀 뜯으면 안 되니까. 늘 감시견 다섯 마리가 소를 지키고 있지."

위임도 마찬가지입니다. 신경을 끄고 손을 떼는 게 아닙니다. 적절한 시점마다 점검해야 합니다. 하지만 주의할 점이 있습니다.

"팀장님이 분명히 전적으로 맡기셨는데요. 자꾸 잘 되는지 물으세요. 저를 믿지 못하는 것 같네요. 흥이 나지 않아요."

자꾸 체크하는 통에 이런 거면 과거 일방적인 지시와 다를 게 뭐냐는 반응입니다. 위임이 방목은 아니니 확인은 필요하고, 자꾸 물으면 직원이 불편하다는데 어떻게 해야 할까요?

해결책은 간단합니다. 업무를 위임할 때 언제 진행 상황을 확인할지 '가이드라인'을 정하는 것입니다. 예를 들어, 2개월 정도 걸리는 업무라면 2주 후와 4주 후에 점검하기로 미리 약속하는 거죠. 이렇게 하면 직원은 일정을 고려하면서 리더의 개입을 준비할 수 있습니다.

위임은 직원이 자기 주도적으로 일하는 환경을 만들어주는 것이지, 아무렇게나 일하도록 내버려두는 게 아닙니다. 중요한 것은 일정을 서로 협의를 통해 정하는 것입니다. 이렇게 하면 불필요한 오해를 없애고 효과적인 업무 관리가 가능해집니다.

② 사례 2. "부장님이 저한테 업무를 '떠넘기세요'!"

어느 직원의 하소연입니다. 이 직원은 부서장인 부장에게 중요한 보고서 작성을 위임받아 열정적으로 임했습니다. 작업을 마무리하고 부장과 함께 꼼꼼히 검토한 후 드디어 임원에게 보고하는 자리를 가졌습니다. 그런데 예상치 못한 상황이 벌어졌습니다.

임원이 보고서의 일부 내용을 지적하며 날카롭게 비판했습니다. 직원도 자신의 실수를 인정했기에 받아들이기 어려운 문제는 아니었습니다. 하지만 그 순간, 뜻밖에도 부장이 임원의 편에 서서 직원을 함께 질책하기 시작했습니다. 이 경험으로 직원은 부장의 업무 위임이 책임 회피성 '업무 떠넘기기'로 느껴졌습니다.

실제 위임을 얘기하다 보면 '권한을 줬으니, 책임까지 넘겨준 거다'라는 리더를 만나게 됩니다. 이는 절반만 맞는 생각입니다.

책임에도 분명한 경계와 범위가 존재하기 때문입니다. 예를 들어, 자신이 관리하는 조직이 하나의 부서라고 가정해 봅시다. 이 부서 내부에서 일어나는 일은 '대내 책임' 영역에 해당합니다. 위임받은 직원이 만든 결과물이 부서 내에서만 사용된다면, 그 책임은 전적으로 작성자에게 있습니다. 하지만 다음의 경우에는 상황이 달라집니다.

- 상급자에게 보고되는 경우
- 다른 부서와 공유되는 경우
- 고객사나 협력사와 미팅에서 활용되는 경우
- 규제 당국에 제출되는 경우
- 교육 자료나 참고 자료로 활용되는 경우

이런 상황에서는 책임의 주체가 리더로 바뀝니다. 우리는 이를 '대외적 책임'이라고 부릅니다.

리더를 한자어로 번역한 말 중에 '직책자(職責者)'라는 단어가 있습니다. '책임지는 자리를 맡은 사람'이라고 풀어볼 수 있겠는데요. 직원은 본인이 한 일만 책임지지만, 리더는 구성원이 한 일까지 책임지는 사람이라는 것입니다. 권한을 넘겼더라도 책임까지 완전히 넘길 수는 없습니다. 만약 리더의 이런 행태가 반복된다면, 어렵고 힘든 일에 손들고 나서는 직원은 없게 될지도 모릅니다.

③ 사례 3. "위임하면 동기가 촉진된다고요? 직원 모두가 좋아하진 않던데요!"

위임은 리더십의 핵심 요소 중 하나지만, 모든 상황에서 똑같이 적용할 수 있는 만능 해결책은 아닙니다. 직원의 경험, 능력, 그리고 개인적 성향에 따라 위임의 효과는 크게 달라질 수 있습니다. 이 점을 깊이 이해하고 선별적으로 대응하는 것이 현명한 리더의 자세입니다.

먼저, 신입 직원이나 신규 업무를 맡은 직원의 경우를 생각해 봅시다. 이들에게 갑자기 큰 책임을 위임하는 것은 위험할 수 있습니다. 경험이 부족하고 업무에 익숙하지 않은 직원들은 대개 자신감이 낮아 자기 주도형 업무를 부담스럽게 여기기 마련입니다. 그러면, 어떻게 해야 할까요?

가장 중요한 것은 이들이 필요한 업무 스킬을 차근차근 쌓아갈 수 있도록 돕는 것입니다. 이때 유용한 방법이 바로 '마이크로 매니징'입니다. 세세한 지시와 꼼꼼한 피드백을 통해 직원들이 자신의 업무 내용을 정확히 알도록 합니다. 아울러 작은 단위의 업무를 성취하며 자신감을 얻도록 지원하는 것입니다.

하지만 리더가 마이크로 매니징에서 가장 곤혹스러워하는 부분은 단순한 스킬 부족이 아니라 '의지 부족'의 문제입니다. 능력은 충분한데, 적극성이 부족하거나, 의기소침해서 손들고 나서지 않는 상황입니다. 이런 상황에서는 위임을 강제하기보다는 근본 원인을 파악하고 적절히 대응하는 것이 중요합니다.

왜 직원이 소극적인 태도를 보이는 걸까요? 단순히 개인의 동기 부족 문제일 수도 있지만, 때로는 다음과 같은 더 깊은 원인을 고려해야 합니다.

- 업무 분장의 불균형: 이미 과도한 업무량에 시달리고 있을 수 있습니다.
- 평가 결과 불만: 이전의 노력이 제대로 인정받지 못했다고 느낄 수 있습니다.
- 조직 문화의 문제: 실패에 과도한 책임 추궁이 두려울 수 있습니다.
- 개인 고민: 업무 외적인 요인으로 인해 몰입도가 떨어질 수 있습니다.

이러한 상황들을 파악하고 해결하려는 노력이 선행되어야 위임의 효과를 볼 수 있습니다. 개인화된 접근과 적용이 필수입니다.

④ 사례 4. "바쁘다고 무조건 위임하면 안 되겠더라고요."

A 부서장은 정신이 없습니다. 옆 부서장이 갑자기 퇴사하는 바람에 두 개 부서를 임시로 맡게 됐습니다. 상사는 곧 채용해서 부서장을 뽑아준다고 하는데 몇 달째 감감무소식입니다. 업무량은 두 배로 늘어났기에 본인이 맡은 실무 중 일부를 직원에

게 위임하기로 했습니다.

그러다 사달이 났습니다. 프로젝트 결과 리뷰와 정리를 맡은 직원이 그만 산출물 일부를 백업 없이 삭제해 버린 것입니다. 담당 임원은 불같이 화를 내며 담당자를 질책했습니다. A 부서장은 책임을 자신에게 돌리며 직원을 보호했습니다.

자리에 돌아와 A 부서장은 무엇이 잘못됐나를 생각했습니다. 자신이 처리할 수 없다고 해서 중요한 일임에도 직원에게 위임한다면 심각한 상황을 초래할 수 있다는 생각에 다다랐습니다. A 부서장은 비슷한 순간이 다시 온다면 상위 리더와 협의를 통해 업무를 조정하거나 보다 빠른 인력 충원을 재촉하기로 마음먹었습니다. 이처럼 위임은 지시자, 수행자 모두에게 위험성을 내포하고 있습니다.

⑤ 사례 5. "팀장이 위임 업무를 잘 수행해도 걱정되는 건 있습니다."

사업부를 맡은 임원 B는 여섯 개 팀을 관장하고 있습니다. 팀장들 모두 평균 이상의 자질을 갖춘 사람들로 기대 이상의 성과를 내고 있습니다. 그중 C 팀장을 향한 신뢰가 특히 두텁습니다. 사업부 이슈에 좋은 아이디어를 잘 낼 뿐만 아니라 사업부 기획 이슈에 기여하는 바가 큽니다. 대표에게 보고하는 자리에서 직접 발표를 맡은 C 팀장의 활약은 대단했습니다. 이후 가끔 대표가 직접 C 팀장을 찾아 의견을 구하기도 했습니다. 이런 모습을 보며 흐뭇했던 임원 B는 걱정이 되기 시작했습니다. '이러다 C

팀장이 너무 주목받아서 내 권력(파워)이 축소되는 건 아닐까?'

위임을 단순히 리더가 직원에게 제공한다는 단방향으로 생각해서 벌어지는 현상입니다. 본질적으로 위임은 상호 작용의 특성을 갖습니다. 즉, 위임을 통한 직원의 성장은 리더의 권한을 약화하는 것이 아니라, 오히려 조직 전체의 역량을 높이고 리더의 영향력을 확대하는 기회입니다. 따라서, 임원 B는 이러한 관점에서 C 팀장의 성장을 바라보고, 이를 사업부 전체의 발전 기회로 활용해야 합니다. 그러면 더욱 강력하고 효과적인 리더십을 발휘할 수 있습니다. 다만, 평소 상사(대표)와의 소통을 통해 업무 상황을 장악하고 있으며, 조직 관리에 빈틈이 없음을 분명히 주지하도록 해야 합니다.

이것만 따라 하세요!

• 위임 후에도 적절한 시점에 개입이나 확인을 하세요. 단, 위임시 그 시점이 언제인지 함께 정하세요.

• 리더 본인의 전문성이 절대적으로 필요한 업무는 위임에 신중을 기울이세요.

• 위임은 궁극적으로 나의 영향력이 커질 기회임을 명심하세요.

10.
리더 역시 '고유 업무'가 있다

현장의 목소리: "임원이라면 자기주장이 있어야 하지 않나요?"

A 사는 CEO 교체와 더불어 임원진 모두가 변경됐다. 새로 시작하는 분위기로 활기찬 기운이 조직 전반에 가득했다. 그러던 어느 날, 심각한 소식이 들려왔다. 경쟁사가 새로운 서비스를 준비 중이라는 소문이었다. 단순한 루머 수준이 아니었다. 파악된 바로는 기존 시장의 판도를 뒤흔들 수 있는 수 있다는 소문까지 돌았다.

중대한 상황에서 CEO는 임원 회의를 소집했다. 하지만 회의 결과는 기대에 미치지 못했다. 임원들 입에서 나온 말은 수학 겉핥기식 분석뿐이었다. "우리 서비스와는 다른 부분이 있습니다", "수익 측면에서 검토가 필요합니다".

이런 피상적인 언급만 오갔을 뿐, 구체적인 대응 방안이나 깊이 있는 분석은 찾아볼 수 없었다. CEO의 답답함은 극에 달했다.

"경쟁사 소문이 돈 지가 벌써 3주가 넘었습니다. 아직 검토 의견이 없단 말입니까?" 그의 목소리에는 실망감이 묻어났다. 하지만 임원들의 반응은 더욱 실망스러웠다.

"아직 실무진 의견이 취합되지 않았습니다. 조금 더 시간을 주시면 보고서 작성해서 말씀 올리겠습니다."

CEO는 자신이 CEO인지, 팀장인지 모르겠다는 생각이 들었다. 아무리 다들 신임 임원이라고 해도 이런 상황은 납득하기가 어려웠다.

조직의 성공과 리더의 역할을 생각하면, 우리는 종종 깊은 통찰력을 지닌 사상가의 말에서 길을 찾곤 합니다. 그중에서도 아리스토텔레스의 '전체는 부분의 합보다 크다'라는 명언은 오늘날의 조직 관리에 큰 의미를 지닙니다. 단순히 숫자를 더하는 것 이상의 무언가가 있다는 걸 일깨워줍니다.

이해를 돕기 위해 요리의 예를 들어볼까요? 맛있는 요리는 단순히 재료를 한데 모아놓은 게 아닙니다. 각 재료의 맛과 향, 식감이 조화롭게 어우러져 새로운 풍미를 만들어내죠. 이것이 바로 아리스토텔레스가 말한 '전체'의 의미입니다. 요리사는 이 과정에서 핵심적인 역할을 합니다. 재료를 선별하고, 적절한 방식으로 조리하며, 전체적인 맛의 균형을 잡아가는 것이죠.

조직에서도 이와 비슷한 역할을 하는 사람이 필요합니다. 바로 리더입니다. 리더는 단순히 업무를 나누고 성과를 모으는 것을 넘어, 조직 전체가 최고의 '맛'을 낼 수 있도록 해야 합니다. 이와 관련해 경영 사상의 대가 피터 드러커의 말을 떠올려봅니다. 그는 "조직의 목적은 평범한 사람이 비범한 일을 하도록 하는 것"이라고 했습니다. 이 말은 조직에서 리더 역할이 얼마나 중요한지를 잘 보여줍니다.

리더는 팀원 각자의 잠재력을 끌어내고, 이를 조화롭게 결합하여 뛰어난 결과를 만들어야 합니다. 이는 단순히 업무를 지시하고 관리하는 것과는 다른 차원의 일입니다. 리더에게는 조직의 비전을 제시하고, 구성원에게 영감을 주며, 때로는 어려운 결정을 내리는 등 고유의 책임이 있습니다. 그런데 현실에서는 이런 리더의 역할을 제대로 인식하지 못하는 경우가 많습니다. 다음은 제가 직접 경험한 한 사례입니다.

어느 회사의 본부 KPI(핵심성과지표)를 검토할 기회가 있었는데, 놀랍게도 본부장의 KPI가 하위팀들의 KPI 합산에 불과했습니다. 팀장들 KPI도 마찬가지로 팀원들의 KPI를 그대로 더한 것이었죠. 물론 아주 작은 규모의 전문화된 조직이라면 이런 방식도 가능할 수 있습니다. 리더와 구성원의 업무 경계가 모호한 경우도 있으니까요. 하지만 수백 명의 직원이 속한 대규모 본부에서 이런 식으로 리더의 성과를 정의한다는 것은 납득하기가 어려웠습니다. 이런 접근은 리더의 진정한 가치를 간과하는 것입니다. 리더는 그저 부서의 성과를 모아 담는 사람이어서는 안 됩니다.

실무 매트릭스

예전 한국의 리더(중간 관리자급 이상)는 실무를 거의 하지 않았습니다. 그들의 주요 역할은 기안을 검토하고, 큰 방향을 제시하며, 고위 경영진과 소통하고, 최종 결과에 책임을 지는 정도였죠. 하지만 현재는 어떨까요? 놀랍게도 많은 팀장과 임원들이 실무에 직접 참여하고 있습니다. 물론 실무에 너무 많은 에너지를 쏟는 것은 문제가 되지만 어느 정도 장점도 있습니다. 현업 감각을 유지하면서 직원과 공감대를 형성할 수 있고, 특정 분야에서 전문성을 발휘하는 데 유용하기 때문입니다.

실무 매트릭스: 중요도 X 긴급도

	긴급하지 않음	긴급함
중요함	권한 위임	리더 수행
중요하지 않음	단순 지시	업무 위임

효과적인 리더가 되기 위해서는 업무를 체계적으로 분류하고 관리하는 능력이 필수입니다. 이를 위해 '실무 매트릭스'라는 개념을 활용할 수 있습니다. 이는 업무의 중요도와 긴급도를 기준으로 일을 분류하는 방법입니다. 중요하고 긴급한 일은 리더가 직접 수행하거나 상당 부분에 참여해야 합니다. 경영진 보고, 전략과제 기획, 사고 대응, 이해관계 조정 등이 될 수 있습니다.

다음으로, 중요하지만 긴급하지 않은 업무가 있습니다. 운영 개선 기획, 혁신 활동 TF 참여, 중장기 전략 보고서 작성 등이 이에 해당합니다. 이런 업무는 경험과 지식이 풍부한 시니어 직원에게 맡기는 권한 위임을 합니다. 개별적으로 봤을 때, 이런 업무들도 전략적으로 중요할 수 있지만, 리더가 모든 것을 직접 처리할 수는 없습니다. 또한, 이런 업무를 수행하는 과정은 직원들에게 중요한 성장의 기회가 될 수 있다는 점을 인식해야 합니다.

중요하지 않지만 긴급한 일은 대부분 일상 업무입니다. 이는 주로 고정적인 업무 흐름을 유지하기 위한 것들입니다. 회의 안건과 회의록 작성, 일일 운영 데이터 정리 등입니다. 이런 업무는 위임하되, 그들이 전담자로서 역할을 할 수 있도록 지도하는 것이 중요합니다.

마지막으로, 중요하지도 긴급하지도 않은 업무가 있습니다. 주로 산발적으로 발생하는 지원 업무로 사내 이벤트 준비, 일반적인 자료 정리, 회식 장소 정하기 같은 잡무를 말합니다. 이런 업무는 주로 주니어 직원들이 담당하도록 하는 것이 효율적입니다. 이를 통해 그들은 조직의 기본적인 운영 방식을 익히고 책임감을 기를 수 있습니다.

리더의 고유 업무

오늘날의 리더는 업무를 관리하는 것을 넘어, 조직의 미래를 만들어가는 중요한 역할을 담당합니다. 실무도 중요하지만 진정한 리더의 가치는 조직을 발전시키는 데 있습니다. 그래야 비범함, 탁월함으로 조직의 성과를 이끌 수 있습니다. 리더가 집중해야 할 다섯 가지 핵심 업무를 살펴보겠습니다.

① 비전 제시: 미래의 청사진 그리기

거창한 장기 플랜을 말하는 것은 아닙니다. 내년도 '우리 조직의 모습'을 미리 설정하는 것입니다. 이것은 내년에 할 업무 리스트가 아니라 업무의 결과로 이뤄지는 의미를 말합니다. 가령 '업계 선두권 진입을 선도하는 조직', '고객 만족도 1위 달성에 기여', '일하는 방식을 혁신하는 모범 조직' 등과 같이 '미래의 상태'를 명확히 그려내는 것입니다. 이렇게 제시된 비전은 단순히 구호로 그칠 것이 아니라 구성원과 함께 공유합니다. 그래야 직원은 자신의 역할과 책임을 생각할 수 있습니다. 비전이 아닌 숫자를 던지면 직원은 그저 숫자를 어떻게 맞춰낼까, 틀에

박힌 사고만 합니다. 특히 재무 지표라면 단기 성과에만 매몰될 수 있습니다. 결과적으로 리더가 그리는 큰 그림은 직원에게 작은 그림을 그리도록 유도합니다. 물론, 중간관리자 계층은 독립적으로 비전을 제시할 수 없고, 상급 조직의 비전을 따라야 할 경우가 다반사입니다. 이런 경우, 비전을 구성원 전부가 제대로 인식하도록 돕고, 구현 방법을 심도 있게 논의하는 쪽에 더 집중합니다.

② 혁신 기획: 새로운 가치 창출의 엔진

리더라면 가치를 추가로 창출하는 미션을 갖습니다. 기존 일을 잘 수행하고 문제를 푸는 일 정도가 아니라 차별화된 방식과 신수종 아이템을 '기획'해야 합니다. 인공 지능 덕분에 과거에 했던 일상 업무는 상당수 자동화될 것입니다. 그 결과, 확보되는 시간과 에너지를 최대한 활용하여 새로운 가치를 만드는 리더의 행보가 점점 더 중요하게 될 것입니다.

③ 구성원 육성: 개인화된 성장 지원

구성원 전체의 역량을 일괄 육성했던 과거 리더와 달리 지금의 리더는 더욱 세밀하고 개인화된 육성을 시도하고 있습니다. 현재 업무를 수행하면서 필요한 역량을 서로 논의하여 확정하고, 역량 향상을 위해 훈련 과정을 챙겨야 합니다. 육성에서 과거처럼 일방적으로 제공하는 방식보다 결정 일부를 직원에게 맡기고 스스로 진행할 수 있도록 권유해 봅니다. 강압적인 통제보다 스스로 동기를 촉진할 수 있도록 자율성을 먼저 보장하는 방식입니다. 일부 업무지만 맘껏 수행하도록 기회를 제공합니다. 비록 실수가 있더라도 관행을 넘어선 시도라면 칭찬하는 것처럼 과거와는 다른 리딩이 필요합니다.

④ 성과 코칭: 협력 목표 설정과 달성

예전의 성과 관리와는 다르게 구성원의 주도성을 끌어내는 방식이 필요합니다. 위에서 아래로 목표를 던져주고 실행하고 점검하고 평가하는 탑다운 방식은 급변하는 시장 대응에 한계를 드러내고 있습니다. 따라서, 시장과 접점이 넓은 직원의 의견이 반영되는 비중을 높여야 합니다. 이를 위해 리더가 정해주는 일을 해내는 것보다 본인의 업무를 생각하고 리더에게 거꾸로 제안하는 풍토가 조성되어야 합니다. 그렇다고 리더가 생각 없이 직원과 소통해도 된다는 뜻은 아닙니다. 리더 역시 사전 검토를 하고 자신의 관점을 가져야 합니다. 과거와 다른 점은 대화를 통해 간극을 줄여가는 것입니다. 협업과 소통이 중요해지는 환경 변화에 따라 리더와 직원은 각자 좀 더 협력적으로 자신들의 역할을 재정의할 필요가 있습니다.

⑤ 리스크 헤징: 미래의 불확실성에 대비

일을 처리하여 얻는 결과가 지향했던 목표와 다를 때 위험이라고 합니다. 사전에 이를 대비하고 방어함으로써 위험을 상쇄하는 것이 헤징(hedging)입니다. 리더는 성과와 관련된 위험을 식별하고 플랜 B를 개발해야 합니다. 또한, 갑작스러운 위험에 대처하는 기본 토대를 탄탄하게 구축하는 것도 중요합니다. 기본 토대란 효율적인 의사결정 구조, 빠른 소통 방식, 높은 역량을 가진 직원 등입니다.

바쁜 업무 속에 하루가 어떻게 가는지 모르겠다는 리더가 대부분입니다. 일을 좀 했나 싶으면 벌써 퇴근 시간입니다. 나는 엄청나게 바쁜데 팀은 마음같이 굴러가지 않아 속상합니다. 리더가 실무에 빠져 있는 경우라면 더욱 그렇게 느껴집니다. 직원 역시 리더의 적절한 리딩을 애타게 바랄지도 모릅니다. 하지만 안타깝게도 리더로서 반드시 해야 하는 '고유 업무'를 명확히 인지하고 충실히 해내는 리더는 많지 않습니다. 리더 본인의 역할 재정립이 시급한 순간입니다.

이것만 따라 하세요!
- 구성원이 담당할 실무에 자신의 에너지와 시간을 얼마나 쏟는지 상기하세요.
- 리더의 고유 업무를 파악하는 실무 매트릭스를 만들어 조직 업무를 분류하세요.
- 책임자의 고유 미션 다섯 가지(비전, 혁신, 육성, 코칭, 헤징)를 인식하고 실천을 점검하세요.

2부.
업무 소통과 코칭

11.
목적에 맞는 소통 방식

현장의 목소리: "1:1 미팅(원온원)까지 하려니 부담이 큽니다."

최근 여러 기업에서 1:1 미팅을 도입하고 있지만, 현장에서는 어려움을 호소하고 있다. 직원 수가 많은 경우 시간 확보가 가장 큰 문제로 꼽힌다. 실제로 2024년에 시행된 어느 설문조사(407명의 중간관리자 대상)에서 1:1 미팅의 가장 큰 어려움으로 '시간 확보'를 꼽았다.

이 문제를 해결하기 위해서는 회사 차원의 노력과 개인 차원의 노력이 함께 필요하다. 회사에서는 팀 규모 조정이나 업무 부담 경감 등의 방안을 고려해 볼 수 있다. 리더는 부서 미팅과 1:1 미팅의 차이를 명확히 이해하고, 각각의 특성에 맞는 효율적인 운영법을 찾아야 한다.

업무를 맡기는 리더 입장에서는 전달할 내용에 따라 소통 방식을 달리 접근해야 합니다. 아무래도 업무 지시는 실적(업적)과 관련성이 더 높습니다. 실적을 점검하며 업무를 맡기는 수단은 '부서 미팅'이 대표적입니다. 반면, 개인의 역량을 논의하기에 적절한 소통 방식은 '1:1 미팅'입니다. 개인의 프라이버시까지 다뤄야 하기에 면담의 형식을 취하게 됩니다.

'부서 미팅'과 '1:1 미팅'을 구분하는 이유는 '실적'과 '역량'이 가진 특성의 차이 때문입니다. 실적은 결과 중심적이며 주로 작년, 지난 분기, 지난달과 같이 과거를 다룹니다. 반면, 역량은 미래 지향적이고 과정 중심적입니다. 개인이 앞으로 어떤 실력을 갖추어야 하는지, 어떻게 성장해 나갈 것인지를 다룹니다. 따라서, 역량 관련 대화는 주로 미래에 초점을 맞추게 됩니다.

이처럼 성격이 다른 두 가지 주제를 한자리에서 다루면 의도

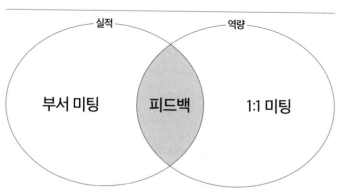

관리(성과) 영역에 따른 소통 방식

실적 / 역량

부서 미팅 · 피드백 · 1:1 미팅

치 않은 혼란을 일으킬 수 있습니다. 예를 들어, 부진한 실적을 강하게 질책한 직후에 "앞으로 어떤 실력을 키우고 싶나요?"라고 물으면, 직원은 무척이나 당혹스러워할 것입니다. 이처럼 분별없는 접근은 진솔하고 생산적인 대화를 이어가기 어렵게 합니다.

부서 미팅 실전 팁

주간회의, 월간회의 등으로 대표되는 '정기 회의체'의 가장 오래된 방식이 '부서(팀) 미팅'입니다. 제가 기업에서 워크숍을 진행할 때 '여러분 회사 회의는 어떻습니까'라고 물어보면 대다수 다음과 같은 의견으로 수렴됩니다.

"비효율적이다, 일방적이다, 왜 하는지 모르겠다, 나는 왜 불렀나, 회의가 너무 많다…"

이렇게 대답하는 이유는 무엇일까요? 아마도 시간이 오래 걸리고, 윗선이 생각한 답은 정해져 있고, 주제가 명확하지 않으며, 의례적으로 모이고, 리더의 이해를 위해 자리가 마련돼서라고 봅니다.

본인이 주관하는 회의만큼은 다르게 할 방법 몇 가지를 소개합니다.

① 회의는 '모여서 논의가 필요'할 때만 한다

주간 회의 때 발언하는 장면을 떠올려 보죠. "전주 실적 보고

드리겠습니다…, 금주 계획은…"와 같이 '활동' 위주로 언급합니다. 사실 구성원이 하는 활동의 70~80% 이상은 늘 하는 일입니다. 그렇기에 이런 식의 회의는 '제가 정말 열심히 하고 있습니다'라고 말하는 식의 보고와 다르지 않습니다. 활동 보고는 보고자와 지시자의 '1:1 관계'로 진행됩니다. 그래서 보고자 외 다른 사람들은 본인의 보고 차례를 기다리며 '멍을 때리고' 있을 겁니다. 이럴 거면 굳이 회의가 필요할까 싶습니다.

단순 지시, 진행 체크, 활동 상황 등의 내용은 리더와 해당 직원이 개별적으로 논의하거나 메일과 메신저로 처리하는 것이 더 효율적입니다. 대신, 회의 주제를 활동이 아니라 '이슈' 중심으로 전환하면 시간을 절약하고, 집중 논의가 가능해집니다. 마케팅팀이라면 1주 차에는 전략과제 점검, 2주 차에는 전월 실적논의, 3주 차에는 신규 프로모션 기획, 4주 차에는 채널 동향 점검 등으로 논의 주제를 지정하는 식입니다.

회의는 습관적으로 하는 것이 아니라 논의가 필요한 주제에 초점을 맞춰 토론하는 공간입니다. 실컷 논의했는데도 의사결정 없이 끝나는 회의가 계속된다면 이 회의가 정말로 필요했는지를 복기해야 합니다.

② 회의는 시작이 중요하다

많은 직원이 수동적이거나 관성적인 태도로 회의에 참석하곤 합니다. 회의 시작 시 가벼운 잡담을 나누거나 지난 회의 논의 사항과 연결된 안건을 언급하면서 슬슬 시동을 걸어보면 좋습니다. 물론 이를 리더가 직접 주도하기보다는 참여자들이 돌아가면서 회의를 시작하게 하는 것도 좋은 방법입니다. 처음에는 어색할 수 있지만 이런 방식의 회의가 반복되면, 긴장이 풀리면서 더 자유로운 아이디어 교환이 가능해집니다.

③ 지시했던 사항을 확인한다

특정 사실을 정확하게 인식하려면 대략 7~10번은 들어야 한다고 합니다. 집중도가 높은 회의에서는 그럴 필요까지는 없겠지만, 정확히 이해했는지는 확인해야 합니다. 중요한 업무라면 지시 후, 직원이 지시받은 내용을 직접 말로 설명하게 합니다. 들은 것과 말하는 것은 천지 차이입니다. 수업 시간 때 선생님의 풀이를 보며 다 이해한 것 같다가도 집에서 혼자서 풀어보면 어려움을 겪는 것과 비슷한 이치입니다.

더 나아가 부서 간 이해관계가 복잡하게 얽힌 의사결정이나 업무 분장이라면, 회의 내용을 실시간으로 확인하는 것도 좋은 방법입니다. 빔프로젝터로 회의록 양식을 띄워놓고, 논의 사항을 즉시 기록하고 체크하면서 진행합니다. 그러면 오해의 소지를 줄일 수 있습니다.

1:1 미팅 실전 팁

1:1 미팅은 리더와 직원 간의 깊이 있는 소통을 위한 중요한

기회입니다. 최근에는 많은 조직에서 부서 미팅 대신 1:1 미팅만으로 업무를 관리하는 추세가 늘고 있습니다. 특히 개별 직원의 업무가 명확히 구분된 소규모 조직에서는 이러한 경향이 두드러집니다. 1:1 미팅의 장점은 깊이 있고 개인화된 대화가 가능하다는 점입니다. 그래서 개인 역량과 커리어 개발은 주로 1:1 미팅에서 논의됩니다. 이를 효과적으로 활용하기 위한 실전 팁을 살펴보겠습니다.

① 논의 항목을 미리 정해둔다

"할 얘기 있으면 해봐요." 이 말처럼 무책임한 질문은 없습니다. 듣는 사람에게는 마치 해변 백사장에서 옷핀을 찾으라는 것처럼 들립니다. 구역을 나눠 주고, 한 구역씩 찾도록 하는 게 훨씬 쉽습니다. 예를 들어, 격주로 1:1 미팅을 한다는 전제하여 아래와 같은 주제들을 미리 정해둘 수 있습니다.

- 역량과 커리어 개발
  - 최근 업무 수행에 새롭게 필요한 역량은 무엇인가?
  - 커리어 목표와 당장 필요한 것은 무엇인가?
  - 사내/외에서 생각하는 롤 모델은 누구인가?
  - 현재 역할이 향후 커리어 발전에 도움이 된다고 생각하나?
  - 성장 관점에서 희망하는 업무 경험이 있다면 무엇인가?
  - 현재 시도하는 사항은 무엇이고, 계획상 진척도는 양호한가?

- 어떤 지원이 필요한가?
• 지난 2주간 업무 수행 중 주요 이슈
- 수행 중 성과와 어려움은 무엇인가?
- 업무와 관련해서 심도 있는 논의를 원하는 것은 무엇인가?
- 요청하거나 제안할 사항은 무엇인가?
- 새롭게 시작할 부분은 무엇인가?
• 조직 차원 의견
- 직원 간의 협업 상황은 괜찮은가?
- 일하는 방식이나 조직 문화에 이슈 사항은 없는가?
- 조직이나 구성원과 관련하여 리더가 알아야 할 사항은 없
  는가?
• 개인 이슈
- 본인의 동기나 활력 수준은 양호한가?
- 가족 등 사적인 부분 중에 리더가 알아야 할 부분이 있는가?
- 개인적으로 요청할 사항은 무엇인가?

이렇게 주제를 명확히 정해두면, 직원들은 미팅 전에 충분히 생각하고 준비할 수 있습니다. 그리고 미팅 전에 이메일로 직원 의견을 미리 받아볼 것을 추천합니다. 이를 통해 리더는 미팅을 더욱 효과적으로 준비할 수 있고, 직원은 생각의 시간을 가질 수 있습니다. 그러면, 실제 미팅 시간은 절약될 수 있습니다.

② 실행 주기와 미팅 시간을 정한다

현실적으로는 '격주에 한 번' 정도의 주기가 적당합니다. 매주 진행하면 좋겠지만, 업무나 조직의 특성상 주간 회의가 필요한 경우라면 꼭 그럴 필요는 없습니다. 여러 회사에서 월 1회로 1:1 미팅을 시작했다가 격주로 주기를 앞당기는 경우가 늘고 있습니다. 다만, 1:1 미팅은 시간이 많이 소요되는 소통이라 신중한 판단이 필요합니다.

사실 사람의 기억은 그리 길지 못합니다. 최근 우연히 보게 된 수영 대회의 다이빙 종목 코치의 모습을 보면서 피드백 모범 사례라는 생각이 들었습니다. 선수가 다이빙을 끝내고 물 밖으로 나오면 바로 코치는 태블릿 PC를 보여 주며 어떤 동작으로 입수했는지 대화를 나눕니다. '실행 즉시 피드백'입니다. 이처럼 리더와 직원이 서로 기억이 생생한 시간 안에 피드백하는 것이 바람직합니다. 분명한 기억이 있다면 피드백 시간은 짧게 진행될 수 있습니다. 한 개 이슈로 하는 1회 피드백은 10~20분 내외가 적절하다고 봅니다. (피드백과 관련한 자세한 사항은 다음 글에서 다룹니다)

1:1 미팅에서 직원의 참여를 유도하는 것 역시도 미팅 시간과 관련이 있습니다. 말수가 적거나 소극적인 직원의 경우, 그들의 생각과 의견을 끌어내는 것이 쉽지 않습니다. 직원이 "네… 네… 알겠습니다."라고만 대답할 때 리더가 "그럼… 그만 마무리하죠."라고 말하며 미팅을 일찍 끝내는 것은 지양해야 합니

다. 직원에게 '대충 대답하면 빨리 끝난다'는 잘못된 인식을 줄 수 있기 때문입니다. 그래서 정해진 미팅 시간을 꼭 지키는 것이 중요합니다. 이렇게 함으로써 직원이 대화에 좀 더 적극적으로 참여하도록 유도할 수 있습니다.

③ 기록을 반드시 남긴다

1:1 미팅 결과는 대부분 미래를 지향하는 약속과 계획입니다. 따라서, 실행 여부를 꾸준히 모니터링하면서 계속 지원하도록 합니다. 이때 기록이 꼭 필요합니다. 복잡한 양식보다 보기 편하게 간단히 작성하는 게 좋습니다. 기록할 시간이 없다면 녹음하는 것도 한 방법입니다.

이것만 따라 하세요!

- 부서 미팅은 '이슈' 중심으로 진행하고, 의사결정이 필요한 경우에 제한해서 실시하세요.
- 1:1 미팅은 주제를 사전에 정하고, 직원의 의견을 받아 논의를 시작하세요.
- 미팅 후에는 기록을 남겨 향후 실행과 모니터링에 활용하세요.

12.
업무 피드백 기술

현장의 목소리: "다 직원들이 잘되라고 한 말이죠!"

리더십 서베이에서 직원과 소통에 문제가 있다고 진단받은 어느 팀장
의 항변이다. 그는 자신의 의도와 본심은 옳다고 주장했다.

직원을 괴롭히려고 작정하고 말하는 리더는 없다. 따끔한 훈계를 한다
며 말을 건넨다. 하지만 표현이 과하다, 감정을 상하게 한다는 반응에 리
더는 마음이 심란하다. '왜 내 진심을 몰라줄까?' 야속한 마음도 든다.

현실에서 이런 리더를 꽤 많이 만날 수 있다. 진심이 눈앞에 보인다면
얼마나 좋을까 싶지만, 리더의 진의는 직원의 눈에는 보이지 않는다. 리
더의 말과 행동으로 유추할 뿐이다.

결국, 팀장은 자신의 훌륭한 뜻과 의도를 기분 나쁘게 전달했던 셈이다.

우리 뇌에서 감정을 다루는 대뇌변연계 부분이 '동기'를 담당합니다. 그래서 감정이 상하면 동기 수준까지 떨어집니다. 리더가 던지는 피드백은 동기를 끌어 올리는 게 목적입니다. 그런데 마음이 상한 직원은 리더의 메시지를 기억하지 못합니다. 적절한 피드백은 적절한 것을 말하는 것뿐만 아니라, 적절하게 전달하는 방식까지 고려해야 합니다.

앞서 '관리(성과) 영역별 소통 방식'에서 실적은 주로 부서 미팅에서, 역량은 주로 1:1 미팅에서 따로 다루는 것이 효과적이라고 했습니다. 그런데 피드백은 이 두 영역을 모두 아우르는 유연한 소통 방식입니다. 피드백의 사전적 정의는 다음과 같습니다.

- 행동이나 반응의 결과를 참고하여 보다 개선된 상태로 수정 및 보완
- 회사에서 특정 직무나 업무를 평가할 때 발생하는 정보의 흐름

피드백의 가장 큰 장점은 유연성과 즉시성에 있습니다. 정기 미팅이나 공식적인 코칭 세션과는 달리, 피드백은 상황에 따라 즉시 제공됩니다. 이는 리더가 필요한 순간에 바로 개입하여 조언을 줄 수 있다는 점에서 매우 효과적입니다. 직원 입장에서 보자면 미팅이나 코칭보다 다소 가볍게 생각할 수 있습니다. 피드백의 성격에 따라 직무 능력 향상, 업무 관리력 배양, 지식 습

득 등에 사용할 수 있습니다.

피드백 유형

피드백을 '챌린지'와 '지지'라는 두 축으로 분류했습니다. '챌린지'는 리더가 대상자에게 요구하는 양을 나타냅니다. '지지'는 대상자의 행동에 동의하는 정도를 말합니다. 두 가지 기준을 조합해서 네 가지 피드백 유형을 살펴볼 수 있습니다.

보통 아무 전제 없이 피드백이라고 하면 '교정 피드백'을 말합니다. 높은 수준의 챌린지(요구)와 지지(동의)를 동시에 표명합니다. 직원의 행동이나 성과에 개선이 필요할 때 사용되며, 리더는 변화를 위한 구체적인 방향을 제시하고 동시에 지지를 통해

피드백 유형

변화를 격려합니다.

'칭찬 피드백'은 대상자의 행동을 격려하고 북돋는 피드백입니다. 잘한 바를 인정하는 피드백인 만큼 앞으로도 확대 재생산되도록 응원합니다. 그리고 조직에 끼친 긍정 의미를 구체적으로 말해줍니다. 칭찬 피드백이 교정 피드백보다 더 중요합니다. 조직에서 인정을 공유하는 순간 리더와 직원은 파트너 관계가 될 수 있습니다.

'공허 피드백'은 힐난과 비아냥입니다. 물론, 조롱을 다짐하며 직원을 만나는 리더는 없습니다. 그렇지만 피드백 중에 '당신이 하는 일이 다 그렇지 뭐', '이렇게 일하면 어디 가서 밥값이나 하겠어?' 식의 감정 섞인 언사가 툭 하고 튀어나오면 문제가 됩니다. 이 한마디면 피드백이 아니라 잔소리가 될 뿐입니다. 감정이 상하면 상대방은 리더가 전달하는 메시지를 잊고 기분 나쁜 것만 기억합니다. 귀한 시간에 헛소리만 실컷 한 꼴이 되고 맙니다.

'질책 피드백'은 따끔하게 혼을 내는 경우입니다. 질책 역시 좋지 않은 감정을 불러일으킵니다. 따라서, 다음과 같이 제한적으로 사용하는 게 좋습니다.

- 같은 잘못에 여러 번 교정 피드백을 진행한 후에는 질책할 수 있습니다. 여러 번 유사한 지적이 있었음을 상기하며 피드백을 시작합니다.

- 리더가 생각하는 대안을 제시합니다. 이미 교정 피드백이 있었으므로 리더가 기대하는 행동의 모습을 바로 언급합니다.
- 조직 전반에 걸친 이슈라면 부서 미팅에서 질책할 필요가 있습니다.
- 혹독한 표현은 삼가고 되도록 짧게 끝냅니다. 질책의 어조는 단호하나 상대를 몰아붙이는 방식은 지양합니다. 피드백 시간을 가능한 한 짧게 진행하기를 권장합니다.

피드백 프로세스, SBIST

피드백은 캐주얼한 대화 기술이지만 단계를 염두에 두고 진행하는 것이 효율적입니다. 그래야 빠진 부분 없이 상대와 대화하기가 쉽습니다. 이는 불필요한 감정을 덜어내고 객관적으로 진행하는 것에 도움이 됩니다. 시간 여유가 된다면, 피드백하기 전에 주제를 알려줘 대상자의 불안감을 낮추고, 미리 생각할 수 있도록 배려합니다.

① 상황 공유(Situation)

피드백의 시작은 미팅의 배경이 되는 '상황'을 언급합니다. 피드백이 발생하는 맥락입니다. 현재 프로젝트 상황이나 경영진 의도 등 중시해야 할 환경입니다.

- (Bad) "내 생각은 꼭 그렇지는 않지만… 부서 내에 악성 루머가 돌고 있어서 보자고 한 거예요."

피드백 프로세스

구분	Situation (상황 공유)	Behavior (행동 인식)	Impact (영향 인식)	Self- reflection (자기 성찰)	Tomorrow (미래)
내용	피드백 주제와 관련된 상황 - 피드백의 전후 맥락 - 리더가 말하고 싶은 배경	피드백의 주제가 되는 대상자의 구체적 행동 또는 초래한 결과	대상자의 행동이 가져올 (부정적, 긍정적) 영향	상황, 행동, 영향에 대한 대상자의 인식과 자기 평가	개선 또는 강화를 위한 실천 방안 도출
예시	- 프로젝트 진행 상황 - 부서 분위기 - 경영진 의도와 관심	- 업무 처리 모습, 태도 - 부서원과의 관계 양상	- 팀워크 영향 - 프로젝트 성패 여부 - 조직 내 부서 위상	- 자기 반성과 다짐 - 쟁점 발생과 논의 - 리더 생각 전달(대안 제시)	- 실행 계획 협의 - 후속 미팅 계획
리더 주안점	- 미팅의 이유를 명확하게 설명	- 대상자 행동 관찰과 기록 - 인정할 점, 보완할 점 구분	- 개인 이슈가 아닌 조직 관점 견지	- 자기 평가 경청 먼저 - 대상자 말을 바꿔 말하기 - 피드포워드 관점	- 피드백은 점이 아닌 '선'이다

- (Good) "최근에 경영진이 우리 프로젝트를 매우 진지하게 받아들이고 있어요. 지난번에 본부장님께서 했던 말 기억하지요? 조금 늦은 감이 있지만 다행이라고 생각해요."

피드백 자리에서는 리더 본인의 생각을 명확하게 전달해야 합니다. 특히 피드백 시작부터 떠도는 소문, 남들이 하는 얘기를 꺼낸다면 대상자는 분명 리더의 말을 곡해하거나 진의를 의심하게 될 수 있습니다.

② 행동 인식(Behavior)

배경 언급이 끝났다면 피드백의 소재인 대상자의 '언행과 태도'를 말합니다. 사실관계에 기초해서 객관적 사항 위주로 언급해야 합니다. 이를 위해 평소 대상자를 꼼꼼하게 관찰하고, 기록해 둡니다. 단순히 기억에만 의지한다면 편향과 오류가 발생할 수 있습니다.

- (Bad) "당신이 우리 팀을 대표하는 사람인데, 어떻게 그런 행

직원 관찰 일지 예시

일시	구분	내 용	상황 파악 / 피드백	향후 예정
3/6	기술	- 신규 사업 기획서 승인에 큰 역할 수행	- 팀 미팅 시 크게 칭찬함 (3/8)	- 과제 마스터 로서 역할 수행 기대 - 관련 교육 지원 예정
3/16	태도	- 하위과제 기획을 완료 후 타 직원 지원	오랜 갈등 상황이 타 팀원과의 대화에서 확인됨 (3/16) 귀책 여부에 대한 판단 어려움	- TF장과 협의 예정 - 귀책 여부에 따른 조치 예정
3/20	지식	- TF 회의 참석 시 타 팀 직원과 언쟁 발생 (3/14)		

동을 할 수 있나요? 이런 일이 생길지는 꿈에도 몰랐어요!"

- (Good) "지난주 프로젝트 TF 회의에서 ○○ 팀 A 책임 질문에 성의 없게 대답하던데, 사실 전월 회의 때도 비슷한 장면이 있었어요. TF 활동한다고 업무가 과중했던 부분은 잘 알고 있고, 고맙게 여기는데요. 본인의 행동을 어떻게 생각하나요?"

이슈가 되는 행동을 지적하기 전에 수고하는 부분, 인정할 만한 내용을 곁들인다면 대상자의 긴장을 풀고 문제에 집중하는 데 도움이 됩니다. 이처럼 리더가 제시하는 사실 관계에서는 리더와 대상자의 인식이 다르지 않음을 확인하고 넘어갑니다. 이때 주의할 점은 상대를 비난하거나 함부로 단언하는 표현은 피해야 한다는 것입니다.

③ 영향 인식(Impact)

대상자의 행동이 불러올 (대부분 '좋지 않은') 영향을 지적합니다. 본인의 잘못을 개인 차원으로 축소해서 잘못 인식하는 직원이 의외로 많습니다. 자기가 뭘 잘못했느냐고 따지는 경우마저도 있습니다. 조직 구성원과 업무 전반, 회사 내 부서의 위상과 평판에 어떤 영향을 주는지 확실하게 말하고 이해하도록 유도해야 합니다.

- (Bad) "왜 자꾸만 이런 행동이 반복되는지 정말 모르겠어요. 개인 이슈가 있나요?"
- (Good) "○○ 팀 A 책임은 TF 핵심 멤버잖아요. 그런 사람이랑 불편한 관계가 되면 프로젝트 수행에 하등 도움이 될 게 없어요. TF 결과물은 우리 부서에 가장 큰 영향을 준다는 점은 잘 알고 있죠? 혹시 다른 생각이 있나요?"

비난하는 투로 던지는 피드백은 큰 효과를 기대하기 어렵습니다. 개인의 관점이 아닌 조직의 관점에서 명분 있는 피드백이어야 높은 수용성을 기대할 수 있습니다. 대화의 예시처럼 대상자의 역할을 상기시켜 자극하는 게 좋습니다.

④ 자기 성찰(Self-reflection)
'자기 성찰' 단계에서는 앞서 전달한 상황, 행동, 영향 등을 대상자가 정확하게 인식하는지, 어떤 판단을 하는지, 자기 평가 수준은 어느 정도인지 종합적으로 체크합니다. 물론 단계별로 이미 동의했다면 재확인하는 과정이 될 수 있습니다.

- (Bad) "오랫동안 설명했는데, 동의를 못 하겠어요? 뭐가 문제인가요?"
- (Good) "자, 지금까지 내가 생각하는 바를 말했습니다. 무슨 생각이 드나요?"

대상자가 피드백 내용을 이해하지 못하거나 동의하지 않는다 해도 기분 나쁘게 말하지 않습니다. 피드백의 목적은 직원의 잘못을 지적하는 게 아니라 잘못을 고칠 수 있도록 이끄는 것입니다. 서로의 인식 차이 때문에 쟁점이 발생할 수 있습니다. 평소 소통이 잘 안됐다면, 대상자의 생각을 먼저 충분히 듣습니다. 직원이 더 이상 할 얘기가 없다고 할 때까지 듣고, 그 이후부터 리더의 의도를 전달하도록 합니다. 만약, 소통의 문제가 심각한 경우라면 때로는 100% 듣기만 하고 마치는 면담을 시도할 필요도 있습니다.

대화할 때는 직원이 한 말을 소재로 답해 봅니다. 예를 들어, "회의 때 불손한 태도는 분명 제 잘못입니다. 하지만 A 책임은 내부 미팅에서 제가 만든 산출물을 두고 신랄한 비난을 해서 기분이 좋지 않았습니다.", "아, 그런 사연이 있군요. 내부 미팅 때 언짢은 기억 때문에 그런 행동이 나왔다는 거죠?" 이렇듯 상대의 말에 근거해서 질문을 던지면 직원은 자기 말에 리더가 집중하면서 공감하고 있다는 신호를 감지하게 됩니다. 자기 평가를 하게끔 유도한 후 부족한 부분에서 리더의 생각을 나중에 표하도록 합니다.

⑤ 미래(Tomorrow)

마지막 '미래' 단계에서는 앞으로 실행 계획을 협의합니다. 피드백은 한 번의 이벤트가 아니라 여러 번의 미팅으로 이어질 수 있습니다. 자리를 뜨기 전 대상자에게 여전히 기대하고 있으며, 최대한 지원하겠다는 의사를 표현하면서 끝맺는 게 좋습니다.

한 연구 결과에 따르면 칭찬 피드백과 교정 피드백의 이상적인 비율은 6:1이라고 합니다. 칭찬의 비율이 생각보다 높다는 걸 알 수 있습니다. 반면, "눈을 씻고 찾아봐도 칭찬할 거리가 하나도 없는데 어떻게 하나요?"라며 난색을 보이는 리더도 여럿 만나봤습니다. 이런 경우에는 교정 피드백을 하기 전에 '칭찬' 대신 '인정'할 부분을 언급하며 시작해 보세요. 상대는 존중받고 있다는 안도감으로 리더의 지적을 받아들이게 됩니다.

칭찬하는 것, 받는 것 모두 익숙지 않은 한국의 리더에게 피드백은 또 하나의 도전입니다. 앞서 언급한 바와 같이 칭찬이 훨씬 효과적이란 사실을 믿고, 긍정적인 분위기를 불어넣길 바랍니다. 직원은 당신의 인정과 격려를 고대하고 있습니다.

이것만 따라 하세요!
- 상대 감정을 상하지 않도록, 객관적 피드백을 할 수 있게 관찰을 기록하세요.
- 논점에서 벗어나지 않고 대화를 주도하기 위해 피드백 프로세스를 고려해서 피드백하세요.
- 칭찬을 의도적으로 시도하되, 어렵다면 상대에게 인정할 부분을 찾아 먼저 언급하세요.

13.
때때로 요긴한 코칭 기술

현장의 목소리: "코칭이 만병통치약은 아닌 것 같아요."

A 상무는 작년 말 선임된 신임 임원이다. 그동안 중간관리자로서 자신의 리더십을 돌아보고 있던 차에 '코칭 리더십' 특강을 듣게 됐다. 그러고 나서 기존의 상명하복이 아닌 자발적인 힘을 유도하는 코칭의 매력에 푹 빠지게 됐다. 이후, 그는 사업부 팀장을 대상으로 코칭 미팅을 시작했다. 하지만 좋은 취지에도 불구하고 대부분의 팀장은 심드렁했다. 3개월 코칭을 마친 후 인사 부서를 통해 팀장들의 피드백을 들었다. '상무님 앞에서 솔직한 마음을 드러내기가 어렵다', '답하라는데 좋은 아이디어가 떠 오르지 않는다', '현업이 바쁜 데 시간이 오래 걸린다' 등의 부정 응답이 많았다. 기대와 다른 반응에 A 상무는 코칭 미팅을 계속해야

할지, 그만둬야 할지 고민이 생겼다.

리더를 위한 '코칭' 교육이 하나의 트렌드가 됐습니다. 실제 교육을 받고 코칭을 실행했던 어느 리더의 얘기를 들었습니다.

"좋은 리더는 좋은 코치라고 하더군요. 직원 동기를 유발하는 데 도움이 될 것 같아서 의욕적으로 '코칭 미팅'을 했던 것 같아요. 그런데 생각대로 되지 않는다는 게 문제였지요."

기대와 달리 코칭 효과가 썩 신통치 않았다고 했습니다. 왜 그렇게 됐을까요? 저는 그 이유를 대중적으로 잘 알려지지 않은 코칭의 특성에서 찾아야 한다고 봅니다. 다음은 일반적인 코칭 교육에서 잘 언급되지 않는 것들입니다.

① 코칭은 코치가 아니라 대상자가 주도한다

일반적으로 코칭을 원하는 사람들은 코치의 역할에 큰 기대를 겁니다. 물론 코치로서 적절한 역할을 제대로 수행해야 하는 것은 맞습니다. 다만, 코칭의 진짜 묘미는 대상자 스스로가 자신의 힘으로 적극적인 행동 변화를 이뤄간다는 것입니다. 코치는 우호적인 분위기를 형성하며 적시에 효과적인 질문을 던지는 것이고요. 따라서, 대상자의 상태가 중요합니다. 그래서 코칭 대상자는 현재 상황을 비판적으로 살피고 잘못이 있다면 인정할 수 있어야 합니다. 자신은 이미 남들보다 뛰어나며 업무를 잘한다고만 생각하는 사람은 코칭의 대상자로 적합하지 않습니다.

② 구성원 모두를 코칭 할 수 없다

원칙적으로 대상자가 답하지 않고 행동을 바꾸지 않으면 코칭은 앞으로 나갈 수 없습니다. 그래서 코칭은 매우 어려운 과정입니다. 대상자는 자신을 냉철하게 돌아보고 새로운 행동에 나서겠다는 결단과 용기를 가져야 합니다. 그리고 시간도 필요합니다. 그런데 현실에서의 더딘 진행은 리더(코치)를 갑갑하게 합니다. 사전 준비로 괜찮은 질문을 던지는데도 대상자는 묵묵부답입니다. 참다못해 "최 팀장, 답하는 게 그렇게 어렵나?", "박 프로, 당연한 걸 왜 말을 못 해?" 이렇게 내뱉기라도 하면 코칭 세션은 끝나고 맙니다. 이렇듯 코치나 대상자나 코칭에 쏟아야 할 시간과 에너지 소모가 상당합니다. 그래서 현실적으로 구성원 모두를 코칭하는 것은 불가능에 가깝습니다.

③ 조직 구성원 간 코칭은 쉽지 않다

코칭 세션에서 원활하게 질문과 답이 오고 가려면 '거리감'이 있어야 합니다. 부서장과 팀장은 이미 서로를 잘 알고 있습니다. 그들은 코칭 세션에서 깊이 있는 대화로 돌입하기가 어렵습니다. 코칭은 평소와는 다른 질문을 던지고 생각하면서 행동에 나서게 하는 것이 요체입니다. 가까운 관계라면 이게 쉽지 않습니다. 게다가 계속 관계를 유지하며 볼 사이라면 솔직한 답을 면전에서 하기도 어렵습니다.

이론적으로 코치는 코칭 대상자의 잠재력에 확신이 있어야 합니다. 대상자 역시 코치를 향한 믿음이 확고해야 합니다. 하지만 현실에서 리더-직원 간에 이런 신뢰가 있는 경우가 많지 않습니다. 따라서, 외부의 전문 코치를 활용하거나 다른 부서의 리더(코치)와 교차로 코칭하는 방법 등이 강구되고 있습니다.

④ 코칭은 모든 상황에 적합하지 않다

코칭은 기본적으로 대상자가 스스로 답을 찾도록 유도하는 과정입니다. 따라서, 고정된 답을 찾아가는 코칭은 올바르지 않습니다. 예를 들어, 직원 행동 강령이나 영업 원칙처럼 이미 확정된 사안을 갖고서 코칭 미팅을 할 필요는 없습니다. 이런 경우 교육을 통해 확실하게 주지하도록 지도하는 것이 효과적입니다.

⑤ 코칭은 모든 직원에게 적합하지 않다

리더(코치)의 질문에 답할 수 있으려면 지식과 경험이 있어야 하겠죠. 따라서, 신입 사원에게 코칭은 적절한 수단이 아닙니다. 오히려 선배의 노하우를 전수해 주는 멘토링이 효과적입니다. 또한, 지식과 경험이 있다고 하더라도 동기가 떨어진 상태라면 코칭 진행이 쉽지 않습니다. 육체적으로 힘들다면 휴식을, 정신적으로 힘들다면 심리 상담이 더 효과적입니다. 여러 기업에서 저성과자를 대상으로 코칭을 실시하는데, 만성적 저성과자가 코칭 미팅에서 적극성을 발휘할지는 의문입니다.

코칭을 활용하는 현실 기술

앞서 코칭을 다소 부정적으로 이야기했지만, 제가 염려하는 지점은 현업 리더가 코칭 세션을 광범위하게 주관하는 것이지 코칭 자체는 아닙니다. 그렇다고 현업 리더가 코칭 세션 진행을 절대 하지 말아야 한다는 뜻도 아닙니다.

앞서 설명한 코칭의 다섯 가지 특징을 잘 이해하여 '선별하여' 진행하기를 바랍니다. 가령 관리하는 직원이 10명이라면 1~2명 이내로 하는 것이 바람직합니다. 사실, 코칭은 역량이 부족하거나 오랜 기간 동기가 낮은 사람에게 적합하지 않습니다. 코칭은 잘하는 사람을 더 잘하게 하는, 잠재력 있는 사람을 성장시키는 도구로 이해하는 게 맞습니다.

우리는 코칭 세션이 아니더라도 부서 미팅, 1:1 미팅, 피드백 등 다양한 상황에서 코칭 기술을 활용할 수 있습니다. 핵심은 상대방이 스스로 생각하고 말하게 하는 '질문'입니다. 사람은 본인이 직접 생각하고 그것을 말해야 실행의 동기와 이유를 갖습니다. 과거 리더는 직원을 가르치고, 지시하고, 때론 명령했습니다. 이처럼 단방향으로 흐르는 소통을 양방향으로 변화시키는 것이 질문입니다.

질문에는 크게 두 가지 유형이 있습니다. 하나는 단순히 확인이나 간단한 느낌을 묻는 것이고, 다른 하나는 상대의 내면 깊숙이 자리 잡은 잠재력을 끌어내는 질문입니다. 코칭 기술은 주로 후자에 해당합니다.

코칭 대화 순서(GROW 방법론)

① 목표 설정 (Goal)	"본 코칭으로 기대하는 바가 무엇인가요?"
② 현실 인식 (Reality)	"현재 상황에대해 어떻게생각하고 있나요?"
③ 대안 탐색 (Options)	"○○ 발전이 이뤄졌던 때는언제 였나요?"
④ 종료(의지) (Wrap up)	"어떤 방법을선택하고 싶나요?"

코칭 분야의 권위자로 알려진 존 휘트모어 경은 코칭을 "개인의 잠재력을 최대한 발휘하도록 돕는 과정"이라고 정의했습니다. 따라서, 코칭의 핵심은 상대방이 자신의 잠재력을 고민하고 나아가 발견하도록 질문을 던지는 것입니다. 이를 위해서는 효과적인 질문들을 수집하고 연습하는 것이 중요합니다. 다행히 인터넷에는 좋은 질문들 예시가 많이 공유되어 있습니다. 대표적인 코칭 대화 기법인 'GROW 방법론'을 검색하면 다양한 질문들을 찾아볼 수 있습니다.

다음은 코칭 실제 사례로 직무 역량 향상이 주제입니다.

① GOAL: 목표 설정

- 직원: 제가 업무 역량이 부족하지 않나 싶어 코칭을 의뢰하게 됐습니다.
- 코치: 그럼, 코칭을 신청한 이유를 들어 볼까요?
- 직원: 네, 최근 들어 제가 많이 뒤처진다는 생각이 듭니다. 역량 부족 때문이 아닐까 싶더라고요.
- 코치: 그래요, 역량 부족이 문제라고 생각하게 된 계기가 있을까요?
- 직원: 제가 동기 중에서 제일 승진이 느리거든요. 작년 인사 때 기대했는데… 역시….
- 코치: 아, 그랬군요. 마음이 좋지 않겠네요. 그때 심정을 좀 더 자세히 말해 주겠어요?
- 직원: 상당히 낙심했습니다. 솔직히 퇴사할까 싶은 생각까지 들었죠. 동기들과 비교를 많이 했던 것 같아요. 그래서 더 힘들었죠.
- 코치: 그럴 수 있습니다. ○○ 님처럼 주니어 시절에는 동기 같은 또래 속에서 자기 위치를 많이 의식하곤 합니다. 자연스러운 현상이니 이상하게 생각하지 않아도 됩니다.
- 직원: 코치님 말씀을 들으니, 마음이 편안해지네요. 잠깐이지만 정신에 문제가 있나 걱정했습니다.
- 코치: 그런 염려에만 빠져 있으면 그럴 수도 있죠. 하지만 코칭 자리에 이렇게 나와줬으니 이미 긍정적이라 생각합니

다. 코칭 주제는 업무 역량 강화로 설정하면 되겠죠? 어떠세요?

- 직원: 네, 좋습니다.

② REALITY: 현실 인식

- 코치: 역량이 부족하다고 느낀 계기는 승진 낙오라고 하셨어요.
- 직원: 네, 그렇긴 한데… 지난달에 나온 역량 평가 결과가 더 컸던 것 같습니다. 평균 이하 등급을 받았거든요.
- 코치: 아, 평가 결과까지 그랬군요. 혹시 부서장님과 관련해서 면담은 했나요?
- 직원: 네, 등급 통보하는 자리에서 짧게 분발하라고 하셨습니다.
- 코치: 자세한 설명이 없었군요. 본인은 받은 등급에 수긍했나요?
- 직원: 평가 중 형식적인 부분이라고 하셨어요. 납득은 되지 않더라고요. 하지만 보완할 부분이 있다는 건 인정합니다.
- 코치: 어떤 부분에서 얼마만큼 개선이 필요하다고 생각하나요?
- 직원: 제가 맡은 업무가 기획 업무라 문제 해결력, 논리력 보완이 시급합니다. 최근에 기안한 기획서가 반려되는 경우가 몇 번 있었거든요. 부서장님께서 여러 번 지적하셨어요.

- 코치: 알겠습니다. 어느 부분을 고쳐야 할지 잘 알고 있고, 의지가 있으니 다행입니다.

③ OPTIONS: 대안 탐색

- 직원: 네, 마음을 정리하고 이제 시작하려고 하는데, 방향 잡기가 쉽지 않습니다.
- 코치: 역량 부족의 대안으로는 교육이나 훈련이 주로 추천되는 것은 아실 텐데요, 혹시 받아 봤나요?
- 직원: 네, 여러 차례 외부 교육을 수강했습니다. 분명 들을 때는 알겠는데, 사무실에 돌아와서는 현업에 접목하긴 어렵더라고요. 그렇게 몇 번 하다 말았네요.
- 코치: 교육 훈련이 필요 없는 건 아니지만, 실전에서 적용하면서 진짜 실력으로 만드는 건 쉽지 않습니다. 혹시 다른 방법이나 대안을 찾아본 적은 있나요?
- 직원: 아뇨. 아직입니다. 마음이 답답하네요.
- 코치: 혹시 실력이 단기간에 성장했던 경험이 있나요?
- 직원: 아… 글쎄요. 생각을 좀 해보겠습니다.
- 코치: 네, 시간을 드릴 테니까 떠올려 보세요.
- ….
- 직원: 코치님, 생각났습니다. 제가 입사한 직후에 비슷한 경험이 있었네요!
- 코치: 그랬군요. 그때 경험을 자세히 설명해 줄 수 있나요?

- 직원: 연수원 교육을 마치고 발령받은 지 얼마 안 된 때였어요. 바로 TF로 발령이 났습니다. 신입 사원이었으니 큰 기대는 안 하셨겠죠. 후일 들으니 우리 팀에서 보낼 머릿수를 채워야 했던 상황이었습니다. 정신이 없긴 했는데, TF 활동을 8개월쯤 하고 나니 한층 성장했다고 생각돼서 뿌듯했습니다.
- 코치: 힘들었지만, 보람이 있네요. 그 경험에서 뭔가 배울 점이 있을까요?

④ WRAP-UP: 종료(의지)

- 직원: 업무가 처음부터 끝까지 생소했을 때였으니까요. 돌아다니면서 많이 물어본 것 같습니다. 선배들이 제발 그만 찾아오라고 했었어요.
- 코치: 그랬군요! 요즘은 어떻습니까? 직원들하고 대화를 많이 하나요?
- 직원: 음… 그렇지 못합니다. 뒤처진다고 생각하니 자신감이 많이 떨어져요. 꼭 필요한 얘기 빼고는 잘 안 해요. 위축된 게 맞다고 봐야죠.
- 코치: 그렇다면 실력을 쌓기 위해 예전처럼 대화를 활용해 보면 어떨까요? 효과가 있을까요?
- 직원: 교육이 실전 실력이 되지 못했던 것에 반해 도움이 될 것 같습니다. 한동안 선배들하고 소원했던 게 사실이죠. 그분들이 저를 많이 도와줄 수 있었는데 생각을 못했네요.

- 코치: 좋습니다. 그럼, 앞으로 선배를 찾아가는 계획을 잡아 볼까요?

사례의 GROW 대화에서 가장 중요한 부분은 'OPTIONS(대안 탐색)'입니다. 진정한 코칭 기술이 구사되는 순간이죠. 이 단계에 쓰이는 질문은 단순히 지금 문제가 아니라 시간을 달리해서 과거의 기억을 회상하도록 유도합니다. 그러면 대상자는 지금 골머리 썩는 현재 지점에서 잠시 벗어나 다른 생각을 할 수 있게 됩니다. 미래의 모습을 상상하도록 유도하는 질문도 가능합니다. 저는 이 질문을 '머리를 열어주는 질문'이라고 부릅니다.

다음은 대안 탐색 부분에서 고려할 만한 질문 리스트입니다. 이 부분을 출력해서 다이어리나 태블릿 PC 케이스 안쪽에 꽂아 두고 미팅 전에 쭉 살펴본 후 효과적인 질문 몇 개를 추려 실제로 던져보기를 바랍니다.

- 과거에 유사한 일을 해결했던 경험은 무엇입니까?
- 과거 유사한 순간에서 어떤 접근방식과 행동을 활용했습니까?
- 목표를 달성한 것은 주로 어떻게 알게 됩니까?
- 당신이 끝까지 함께 하고 싶은 사람은 누구입니까?
- 이전에는 지금과 같은 상황을 경험한 바 있나요?
- 상황을 변화시키기 위해 당신이 할 수 있는 일은 무엇입니까?

- 당신에게 어떤 대안이 있습니까? 그중 가장 선호하는 게 무엇입니까?
- 과거의 성공했던 경험과 다른 점이 무엇입니까?
- 현재의 접근 방식을 대체하는 것은 무엇입니까?
- 당신이 취할 수 있는 행동들을 나열해 주겠습니까?
- 다른 사람이었다면 어떤 접근을 했을까요?
- 이들 대안의 장단점은 무엇입니까?
- 하지는 않았지만 실천하면 효과적일 방법은 뭐가 있습니까?
- 대안마다 관심이 가는 정도는 어느 수준입니까?
- 그런 상황에서 당신이 생각하는 대안은 무엇입니까?
- 어떤 대안이 최선이라고 생각하십니까?
- 실행할 대안 하나만 고른다면 무엇입니까?
- 당신이 당장 해야 할 일이 있다면 무엇입니까?
- 당신이 실행할 수 있는 대안 세 가지만 말씀해 주겠습니까?
- 지금 아무런 제약이나 장애물이 없다면 하고 싶은 일은 무엇입니까?
- 만약 실패를 염려하지 않는다면, 무엇을 하겠습니까?
- 쉽게 찾을 수 있는 다른 자원들이 무엇이 있습니까?
- 구상했으나 실행하지 않은(못한) 방법이 있다면 무엇입니까?
- 다른 조직이라면 다른 시도가 가능했을까요?
- 예상치 못한 상황이 생길 수 있다면 언제 어디서 일어날 수 있습니까?

현업 리더가 반드시 전문 코치가 될 필요는 없습니다. 하루 아침에 코칭 리더십으로 완전히 전환하는 것도 현실적이지 않습니다. 대신 효과적인 질문들을 모아두고 의도적으로 사용하는 것부터 시작하세요. 직원은 질문에 답하기 위해 깊이 고민할 것이고, 이 과정에서 리더는 직원의 성장을 돕는 조력자가 됩니다. 때로는 응답의 주도권을 직원에게 넘기고 잠시 기다림의 시간을 가지세요.

이것만 따라 하세요!

- 코칭 미팅은 대상과 사안에 맞게 선별적으로 실시하세요.
- 일상적인 업무 상황(부서 미팅, 1:1 면담, 피드백 등)에서 상대방의 잠재력을 끌어내는 효과적인 질문 기술을 활용하세요.
- 종종 직원이 답을 구상하는 과정의 기회를 제공하세요.

14.
이제는 '성과 코칭'이다

현장의 목소리: "성과 관리를 해도 성과가 나질 않습니다."

A 대표는 대기업 계열사 사장이다. 컨설턴트이자 전략통인 그는 취임하면서 성과 관리 체계를 전면 개편했다. 목표 설정, 중간 점검, 성과 평가까지 온라인 기반으로 시스템을 구축했다. 상위 리더가 구성원에게 비전을 제시하고 목표 달성을 독려하는 Top-down 방식이었다. 안정적인 업종 특성상 혁신보다 점진적 개선이 필요하다는 판단에서였다. 하지만 2년이 지난 현재, 새로운 성과 관리는 유의미한 성과를 거두지 못했다. 오히려 중간관리자와 직원들의 불만만 심화됐다. 무엇이 잘못된 것일까?

성과 관리 분야의 최근 이슈 중 하나로 가장 눈에 띄는 변화는 '소통'의 중요성이 크게 부각되고 있다는 점입니다. 이는 예전과 다른 개념이 튀어나온 게 아니고, 기존의 성과 관리 방식이 진화하고 있음을 보여주는 현상입니다.

과거에는 성과 평가가 주로 연말연시에 집중해서 진행하는 일회성 이벤트라 여겨졌습니다. 하지만 이제는 '상시 성과 관리'라는 새로운 패러다임으로 전환되고 있습니다. 이는 일 년 내내 지속적으로 성과를 관리하고 피드백을 주고받는 체계를 의미합니다. 또 다른 주목할 만한 변화는 성과 관리의 범위가 크게 확장되고 있다는 점입니다. 이제 성과 관리는 단순히 실적을 평가하는 것을 넘어서 업무 관리, 조직 관리, 인력 관리 등 다양한 영역을 포괄하는 개념으로 발전하고 있습니다. 이는 성과 관리가 사업 운영의 귀결점으로 자리 잡고 있음을 보여줍니다.

이러한 변화는 실제 현장에서 받는 질문들을 통해서도 잘 드러납니다. 성과 관리를 이야기할 때, 많은 리더가 다음과 같은 다양한 질문을 합니다.

- "직원들의 동기를 어떻게 높일 수 있을까요?"
- "저성과자를 어떻게 효과적으로 설득하고 관리할 수 있을까요?"
- "조직의 분위기를 긍정적으로 만들려면 어떻게 해야 할까요?"
- "업무를 어떻게 효율적으로 배분해야 할까요?"

• "구성원의 역량을 지속적으로 개발할 방안은 무엇일까요?"

과거에는 이러한 질문들은 성과 관리와 직결되지 않는다고
여겼습니다. 하지만 이제는 모두 성과 관리와 밀접하게 연관되
어 있다고 생각합니다. 결국, 리더의 역할은 '성과 달성'이라는
궁극적인 목표를 향해 있으며, 이를 위해서는 다양한 측면에서
의 통합 관리가 필요하다는 걸 보여줍니다.

많은 조직에서 연간 단위의 성과 관리 체계를 사용하고 있습
니다. 주로 목표 설정, 중간 점검, 성과 평가라는 세 단계로 구성
됩니다. 조직에 따라 중간 점검을 분기별로 할지, 반기별로 할지
차이는 있지만 기본적인 구조는 유사합니다. 단계별로 세부 사
항을 살펴보겠습니다.

목표 설정

업력이 오래된 기성 기업의 경우 사업 목표를 정하는 행위가
매우 관성적일 수 있습니다. 전사 목표가 정해지고, 하위 사업부
가 그것을 나눠 가지며, 팀이 다시 분배받는 양상이 반복됩니다.
이렇다 보니 직원들은 매우 수동적으로 반응합니다. 또한, 목표
달성도에 따라 연봉과 인센티브가 좌우되므로 목표 수립에도
보수적입니다. 그래서 목표를 덜 받아오는 리더가 능력 있다는
우스갯소리까지 있기도 합니다.

- 팀장: 박 차장, 내년 목표는 50억 해야지?
- 차장: 팀장님, 작년에 아등바등 30억 했는데, 어떻게 50억을 합니까?
- 팀장: 난 박 차장 능력을 믿는데…
- 차장: 능력이고 뭐고, 저는 35억이 최대치예요.
- 팀장: 35억이라… 그럼 40억은 어때?
- 차장: 40억이요? 너무 무리인데…
- 팀장: 박 차장이 우리 팀 에이스인데… 난 박 차장을 믿어요.
- 차장: 알겠습니다. 그럼 다른 걸로 챙겨주세요.
- 팀장: 그래그래. 내가 꼭 감안할게.

이런 대화는 비록 가상이지만, 많은 회사에서 실제로 일어나는 상황과 유사합니다. 목표 설정이 마치 저잣거리에서 흥정하는 것처럼 진행되는 것이죠. 이는 진지한 고민 없이 단순히 숫자만을 맞추려는 관례에서 비롯되었습니다. 이런 접근법 대신 리더는 다음과 같은 논리를 바탕으로 목표를 설정해야 합니다

① 근거를 준비하라

목표 설정의 출발은 경영진의 경영 방침입니다. 연말연시에 발표되는 신년사가 당면한 방침을 말해주는 가장 좋은 자료입니다. 매년 반복되는 느낌이 있어서 상당수 리더는 직원에게 설명하지 않습니다. 하지만 경영진이 또는 직속 상사가 내년 회사

의 미래를 어떻게 규정하는지 정확히 이해하고 직원에게 분명하게 설명하는 게 중요합니다. 만일 신년사가 없다면, 중장기 전략이나 가치체계(MVC) 등을 참고할 수 있습니다.

내부 근거

- [공식] 경영진 경영 방침(기조), MVC(미션, 비전, 핵심 가치), 목표/실적 추이, 과거 성과 리뷰
- [비공식] 경영진의 전략적 의도, 해당 리더가 독자적으로 수립한 목표(의도)

외부 근거

- GDP 성장률(국내/국외), 물가 상승률, 해당 산업(업종) 성장률, 경쟁사의 성장률 및 신규 사업 추진 사항

그리고 과거의 목표와 실적 추이를 분석해 볼 필요도 있습니다. 인과관계 또는 상관관계를 분석해서 영향을 주는 요인을 뽑아내고, 내년에 요인별로 추세를 예상하여 목표치를 산정할 수 있습니다. 아울러 이전 시기의 성과 리뷰 자료도 중요합니다. 사업은 연속성을 갖고 있으므로 지난 리뷰는 미래를 생각하는데 참고 자료로써 중요한 가치가 있습니다.

이처럼 명시적으로 표현된 공식 근거 외에 경영진의 의도가 담긴 영역도 있습니다. 가령 아직은 규모가 작지만, 신규 런칭한

브랜드의 안착이나 일하는 방식의 혁신 같은 항목입니다. 이런 사안은 구체화하기는 어렵지만 중요성을 갖고 있습니다. 그래서 리더라면 언제나 경영진과 상사의 '열망'이나 '욕심'을 잘 읽어야 합니다.

참고할 만한 외부 근거로는 경쟁사의 움직임입니다. 재무적으로는 수익률과 성장률을 감안할 수 있고, 아직 수익화 단계는 아니지만, 전략적으로 추진하는 아이템에 주목할 수도 있습니다. 아울러 산업 전체의 성장률, 국내/국외 GDP 성장률, 물가 상승률 등은 실질 성장 여부를 가늠하는 기준이 됩니다.

② 주도권을 직원에게 넘겨라

사업 목표 설정 근거를 리더가 준비하지만 이를 바로 강요하는 방식은 권하지 않습니다. 예전에는 리더가 직원의 목표를 강제로 할당해서 통보하는 관행이 있었습니다. 이때 직원은 수동적으로 움직일 수밖에 없습니다. 그랬다가 결과가 낮게 나오면 목표를 과도하게 부여한 리더를 탓하며 변명합니다.

이제는 논의의 시작을 직원에게 넘겨야 할 때입니다. 이때가 바로 코칭의 기술 즉, 좋은 질문을 던져야 하는 순간입니다.

- "내년 우리 부서를 위해서 당신의 역할이 뭐라고 생각하나요?"
- "팀 목표 달성을 위해서 당신은 어떤 일을 하려고 하나요?"

- "이 목표 달성은 본인에게 무슨 의미가 있을까요?"
- "이 일을 제대로 진행하려면 점검할 리스트는 어떻게 작성되어야 할까요?"
- "목표 달성을 위해 배우거나 개발해야 할 부분이 있을까요?"
- "예상되는 리스크 요인은 무엇이고 어떻게 대응해야 할까요?"

바로 목표 확정 단계로 들어가기보다 자신의 '역할'을 먼저 생각하도록 유도하는 것입니다. 그래야 더욱 책임감 있고 창의적인 아이디어가 나올 수 있습니다. 그런 다음 본인 생각을 반드시 '글'로 적게 합니다. 글을 쓰다 보면 자기 객관화가 말로 할 때보다 훨씬 수월해집니다. 그리고 차분한 상태에서 생각을 깊이 할 수 있습니다.

리더는 작성된 글을 보며 직원의 설명을 듣고 대화를 진행합니다. 목표를 설정함과 동시에 달성을 위한 역량 개발과 수단 확보를 소통해야 합니다. 이는 마치 목적지에 닿기 위해 지도를 펼쳐 두고 구간별로 어떻게 도달할지 협의하며 준비하는 것과 같습니다.

③ 목표는 '기여도'를 측정해야 한다

혹시 '행운'이 크게 작용하는 목표가 있지는 않나 살펴야 합니다. 최근 강의했을 때 받은 질문 중 하나입니다.

"우리 팀이 통제할 수 없는 외부 변수 때문에 저조한 실적을 받게 됐습니다. 어떻게 대응하면 좋을까요?"

저는 이렇게 답했습니다. "솔직히 말합시다. 통제할 수 없는 그 외부 변수 때문에 우수한 실적을 거두게 됐을 때는 별말씀 안 하셨죠?" 수강생들의 공감 웃음이 터져 나왔습니다.

나의 노력(기여)이 목표 달성에 큰 영향을 끼칠 수 없다면 잘 못된 목표입니다. 이런 목표를 그냥 둔다면 직원은 열심히 일하지 않고 요행만 기대할지 모릅니다.

④ 최종 결정은 리더의 몫이다

목표 설정 과정에서 리더가 염두에 두어야 할 핵심 원칙은 '협의'입니다. 직원의 의견을 경청하고 이를 출발점으로 삼아 논의를 진행해야 합니다. 리더는 앞서 언급한 내외부 근거를 바탕으로 자신의 입장을 설명해야 합니다.

물론 모든 사안을 완벽하게 합의하기는 어렵습니다. 최종적으로는 리더가 결정을 내려야 합니다. 이는 과거의 하향식 목표 설정과는 다릅니다. 과거에는 근거도 제시하지 않은 채 일방적으로 목표를 부여했다면, 이제는 논의의 시작점을 직원에게 넘기고 상호 의견을 교환하는 협의의 과정을 거칩니다.

조직 성과에 최종 책임은 리더에게 있으므로 최종 결정은 리더가 맡아야 합니다. 따라서, 직원의 완전한 동의보다는 '수용'을 목표로 해야 합니다. '목표 수준이 완전히 만족스럽지는 않지만, 리더의 요구에 합리적인 면이 있으니 받아들이겠다'는 정도의 태도를 유도하는 것이 현실적으로 최선의 결과라 할 수 있습니다.

중간 점검

분기 또는 반기마다 중간 점검을 실시하는 기업이 늘고 있습니다. 중간 점검은 현재 상황을 직원이 체크하도록 해 본인의 성과 상태를 알게 하고, 분발하도록 유도하는 것을 목적으로 합니다.

경험상 현업 리더가 가장 힘들다고 말하는 부분이 연말 평가 후 좋지 않은 평가 등급을 받은 직원에게 피드백 주는 것입니다. 물론 당면해서는 잘 설명하겠지만, 애초부터 어려움의 소지를 없애는 것이 최고의 대응이 아닐까 합니다.

중간 점검은 그런 역할을 선제적으로 감당할 수 있습니다. 이때 던질 수 있는 좋은 질문 몇 가지를 소개합니다.

- "계획 대비 차이는 얼마이고, 그 이유는 무엇입니까?"
- "현재까지 성과는 무엇인가요?"
- "예상하지 못한 돌발 변수는 무엇이고, 원인은 무엇인가

요?"

- "우려되는 위험과 대응 방향은 무엇입니까?"
- "어떤 조정과 보완이 필요할까요?"
- "지금까지의 경험을 바탕으로, 앞으로 어떤 접근법을 시도해 볼 수 있을까요?"

중간 점검은 다음과 같은 원칙을 갖고 있습니다.

① GAP 분석이 기본이다

수치로 표현되는 정량 목표의 경우 달성 여부를 포함한 원인 분석과 개선 방안을 통상 직원이 먼저 작성합니다. 대부분 이런 방식에 익숙할 겁니다. 기본적으로 기대 수준(목표) 대비 실적(결과)의 '차이'를 분석하는 것으로 GAP 분석이라고 합니다. 그리고 기존의 전략을 검토해서 어떤 부분이 문제가 있는지 자세히 들여다볼 필요가 있습니다.

'분석(分析)'하면 뭔가를 곰곰이 생각해 본다 정도로 여기는데 원래 뜻은 '나누고 쪼갠다'입니다. 큰 덩어리를 작은 덩어리로 나눠 보면 분명 안 보였던 부분이 보이거나 불확실한 부분이 선명해집니다.

즉, 겉모습은 좋아보여도 안쪽까지 살펴야 합니다. 실적 달성을 했어도 반드시 원인을 규명해야 한다는 것입니다. 왜냐면, 세부적으로 들어가면 '건강하지 못한 결과'가 나타날 수 있기 때문입니다. 예를 들어, 목표를 초과 달성한 영업 직원이 있습니다. 고객사 대부분은 매출이 줄었는데, 특정 고객사 한 곳의 특수한 업황 탓에 전체 합계를 맞춰낸 사례입니다. 결코 건강한 상태라고 할 수 없습니다.

아울러 결과 외에도 과정을 살펴서 원인을 분석해야 합니다. 좋은 결과를 가져온 전략이나 활동을 규명해서 조직 내 전파하고 공유하는 게 필요합니다.

이때 활용할 수 있는 생각의 틀이 CSS(Continue, Stop, Start) 피드백 방식입니다. 지난 시기 목표 달성을 위한 활동 중 다음 시기에도 계속하거나, 그만두거나, 새로이 시작할 활동을 정리하여 리뷰하는 것입니다. 리더 역시 직원의 업무에 따라 대략 가늠해 본 후 직원이 기술해 온 자기 피드백과 맞춰보면서 서로의 관점을 정렬합니다. 이를 통해 다음 시기 활동 방향이 가시화됩니다.

② 시도를 관리하라

산업 구조가 저성장 국면으로 접어들수록 혁신보다는 안정 추구 경향이 두드러집니다. 이에 따라 조직이 창출하는 가치 역시 정체 현상을 겪게 될 가능성이 높은데요. 성과 코칭에도 단순히 결과를 중심으로 판단하는 것 외에 '가치 창출을 위해 어떤 시도를 했나?', '과거 시도에 비해 얼마나 혁신적인가?', '그런 시도는 얼마나 큰 파급력을 가져왔나?' 등의 질문을 구성원과 함께 나눌 필요가 있습니다.

남다른 시도는 실패의 가능성이 높기 때문에 목표에 미치지 못할 가능성이 높습니다. 그렇기에 의도적으로 시도 자체를 유도하는 동시에 평가 항목 중 하나로 설정해 두면 도전 의식을 함양하는 데 도움이 됩니다.

성과 평가

연말연시 평가 결과를 전달하는 리더는 스트레스를 받습니다. 기대하는 바와 차이 나는 등급을 받은 직원은 감정적으로 격앙되어 건설적인 대화가 어렵습니다. 그래서인지 아예 피드백 없이 등급 통보만 하는 조직도 있습니다. 하지만 이는 바람직하지 않습니다. 직원을 만족시킬 수는 없어도 결과가 나온 이유는 꼭 설명해야 합니다.

다음은 최종 성과 피드백에 필요한 두 가지 원칙입니다.

① 평가 결과 피드백은 간결하게 진행하라

만약 중간 점검 단계에서 적절하게 피드백이 이뤄져 왔다면 (직원의 기대 수준을 알맞게 관리했다면), 연말 성과 평가 피드백은 그 과정을 매듭짓는 정도로 간소화할 수 있습니다. 그리고 다음 기간의 성과 달성으로 논의가 자연스레 넘어갈 수 있습니다.

사실 한 해가 지나버린 시점에서 옛날을 소재로 왈가왈부하는 것은 리더나 직원 모두에게 효율적이지 않습니다. 양측 모두 자신에게 유리한 대로 기억하며 신념화하기에 설득이 매우 어렵습니다. 따라서, 지난 분기 또는 반기에 충분한 중간 소통을 제대로 했다는 걸 전제로, 다음 해 성과(실행)를 미리 얘기하는 것이 좋습니다. 실전에서 평가 결과 피드백은 30분 이내로 할 것을 권장합니다.

② 피드백을 피드포워드로 연결하라

예상보다 낮은 등급을 받은 직원은 낙담할 수 있습니다. 피드백 말미에는 앞으로 계획을 논의하며 후속 활동을 정해봅니다. 피드백의 시점을 과거에서 미래로 전환하여 아직 기회가 있음을 알려 줍니다. 이런 대화법을 '피드포워드'라고 합니다. 피드백은 과거에 일어난 이벤트가 소재지만, 피드포워드는 미래의 가능성이 핵심입니다.

- "지난 시기 동안 배운 점은 무엇인가요?"
- "목표 달성에 몰입하지 못했던 원인이 있다면 무엇인가요?"
- "과거 잘했던 점과 아쉬운 점을 다음에 더 보완한다면 어떻게 할 수 있을까요?"
- "본인의 역량이 잘 발휘됐습니까? 더 필요한 역량이 있을까요?"
- "지속적으로 필요한 리더의 지원 사항이 있나요?"

• "다음 평가 기간에는 어떤, 새로운 도전을 하고 싶으신가요?"

코칭과 유사하게 미래를 생각하도록 유도하고 함께 고민합니다. 설사 평가 결과에 불만족하더라도 '다시 심기일전할 수 있겠구나'라는 마음을 가지도록 하는 것이 중요합니다.

여기에 한 가지를 덧붙이자면, 피드포워드를 통해 리더의 뜻을 '제안'의 형식으로 전달하는 것을 추천합니다. 지시나 명령 같이 흐르게 되면 리더의 뜻을 일방적으로 관철하는 모양새가 됩니다. 직원의 의견을 듣고 바로 결론을 내리지 말고, 대화가 이어지도록 해야 합니다.

기존의 성과 관리와 성과 코칭의 가장 큰 차이점은 '시작'의 주도권을 직원에게 넘겨주고 성과 관리의 주체로 그들을 일으켜 세우는 것입니다.

리더는 사전 준비는 하되, 직원의 작성물을 기초로 대화를 전개합니다. 아래에서 위로 향하는 바텀업(bottom-up) 방식입니다. 과거처럼 직원을 단순 실행자로만 바라봤던 관점에서 벗어나 주체적인 실행자로 생각하는 것입니다. 그런 후 리더나 경영진은 자신의 가이드라인을 가지고 탑다운(Top-down)으로 대화합니다.

이처럼 위아래 양방향 소통을 통해 목표를 설정하고, 점검하며, 평가 후 보완해 나가는 방식이 '성과 코칭'입니다. 마치 사자

성어 '줄탁동시(啐啄同時)'와 비슷합니다. 병아리가 껍데기를 깨려고 안에서 쪼아댈 때, 어미 닭은 그 신호를 알아차려 바깥에서 쪼아줌으로써 부화를 돕습니다. 서로를 돕는 방향으로 성과 코칭이 이뤄져야 장기적이고 안정적인 성과 달성으로 전진할 수 있습니다.

이것만 따라 하세요!

- 직원을 성과 달성의 주체로 인식하고, 논의는 실무자가 작성한 자료를 소재로 시작하세요.
- 성과 코칭 단계에서 직원에게 주도권을 주고, 좋은 질문을 통해 책임감과 창의성을 유도하세요.
- 성과평가 시 피드백과 함께 피드포워드 기법으로 미래 성취 기회를 논의하세요.

15.
직원이 침묵한다면

현장의 목소리: "팀원들이 회의 때 웬만해선 말하지 않습니다."

"지금까지 제가 얘기했으니 여러분 의견을 제시해 주세요."

(긴 침묵)

'음⋯ 오늘도 말이 없구나.'

"그러면 한 사람씩 돌아가면서 의견 내봐요. 최 매니저부터 말해보세요."

'(팀원들) 아⋯ 또 시작이구나.'

많은 리더가 회의 중 직원의 모습에 불만을 토로합니다.

"구체적으로 물어봐야 겨우 한마디 합니다."

"답답해서 제가 그냥 말하고 맙니다."

물론 직원이 별생각이 없거나 태도가 좋지 않아서일 수 있습니다. 이때는 생각하는 힘을 키워주고 바른 태도를 위해 피드백해 주는 게 필요합니다. 다만, 직원이 자신의 의견을 피력할 수 있는 충분한 자질과 경험이 있지만 쉽게 입을 떼지 않는다면 직원 입장을 먼저 고려해 볼 필요가 있습니다.

우선 그들이 갖고 있을지 모를 걱정 다섯 가지를 생각해 보겠습니다.

① 무지(無知): '내가 모른다는 걸 사람들이 알게 되면 어쩌나.'

직원은 과거, 아이디어를 냈다가 "뭘 알고서나 얘기하는 거야?"라는 식의 핀잔을 들었을지 모릅니다. 이런 경험은 직원의 사고를 경직시키고 방어적인 태도를 취하게 합니다. 리더라면 다음을 자문하세요.

- "지식이 부족한 직원에게 핀잔이나 조롱을 던진 적이 있습니까?"
- "직원 간 발생한 비난과 힐난을 그대로 방치한 적은 없습니까?"
- "잘 모르는 상황에서 얼버무리거나 아는 척하며 넘어간 적은 없습니까?"

② 무능(無能): '나의 부족한 능력을 들키고 싶지 않아.'

모든 사람에게는 부족한 부분이 있습니다. 중요한 것은 이런 부족을 두고 어떻게 반응하느냐입니다. 리더가 먼저 자신의 부족함을 인정하고 드러낼 때, 직원도 더 편하게 자신의 의견을 표현할 수 있습니다. 리더라면 다음을 자문하세요.

- "설익은 아이디어를 내는 직원에게 보이는 당신의 첫 반응은 어떤 것입니까?"
- "아이디어를 대화로 유도하여 더 나은 대안으로 발전시키는 행동이 자연스럽게 이뤄집니까?"
- "특정 분야에서 나보다 지식과 경험이 많은 사람에게 도움을 구하는 편입니까?"

③ 무정(無情): '날카로운 지적이 너무 아파.'

내일도 볼 사이인데, 동료의 의견에 비판하기를 꺼리는 것입니다. 이는 서로를 배려한다는 명목하에 발전의 기회를 놓치는 결과를 낳을 수 있습니다. 리더라면 다음을 자문하세요.

- "조직 회의에서 핵심을 찌르는 건설적인 비판이 자주 일어납니까?"
- "구성원은 비난과 비판을 구별할 수 있습니까?"
- "누군가 내 의견을 비판했을 때, 내용보다 그 사람을 먼저

떠올립니까?”

④ **무익(無益): '이런 말이 무슨 소용이람? 혹시 손해 보는 건 아닐까?'**

"지난번에도 얘기했는데, 아무런 조치가 없던데요?" "한껏 말 잔치를 벌였지만, 별 효과가 없습니다."

거듭 반복되는 개선 프로젝트나 아이디어 공모 등의 정례 이벤트에서 자주 나타나는 반응입니다. 리더라면 다음을 자문하세요.

- "새로운 업무를 시작하기 전부터 부정적인 분위기가 가득합니까?"
- "아이디어 낸 사람에게 곧바로 실행까지 맡기지 않습니까?"
- "직원에게 약속한 조치가 이행되지 않거나 후속 결정을 미루고 있습니까?

⑤ **무시(無視): '애써 말했는데 대놓고 까이면 어쩌나?'**

이런 걱정의 대부분은 미팅을 주관하는 리더를 향한 두려움입니다. 존중받고 있다는 느낌이 들지 않으면 쉽게 목소리를 내기가 어렵게 되죠. 리더라면 다음을 자문하세요.

- "직원이 실수한 직후 어떻게 반응하십니까? 서둘러 책임을

물으려고 다그치지 않습니까?"

- "용기 있게 의견을 제시한 직원을 격려합니까?"
- "엉뚱한 발언을 차가운 웃음으로 지나친 적이 있습니까?"

리더에게 기대하는 신뢰

앞서 살펴본 다섯 가지 '없음'은 직원들이 가진 두려움을 나타냅니다. 활발한 소통을 위해서는 두려움을 해소하거나 줄이는 것이 필수입니다.

최근 '심리적 안전감'이라는 개념이 주목받는 데, 이는 에이미 에드먼슨의 책『두려움 없는 조직』을 통해 대중화됐습니다. 다만, 주의해야 할 점이 있습니다. 심리적 안전감을 단순히 편안한 분위기로 오해해서는 안 된다는 점입니다. 심리적 안전감은 실수를 인정하고 잘못을 포용하는 것 이상의 의미를 지닙니다. 핵심은 깊은 '신뢰'에 있습니다. 이때의 신뢰는 과거의 단순한 조직 단합이나 친밀감과는 다른 의미를 갖습니다.

리더는 직원이 갖는 '예측 가능성'을 높여야 합니다. '우리 상무님은 방향성 A를 갖고 있지', '이런 걸 선호하는 편이야', '저런 건 정말 싫어하시지'. 이런 개념이 생긴다면 직원은 앞일을 예측하며 소통할 것입니다. 그렇지 않고, 기준이 들쭉날쭉하고 원칙이 있다 없다 변덕스러운 스타일이 되면 추측하려다 이내 포기하고 맙니다. 결국에는 될 대로 되라는 식으로 흐를 겁니다. 그러면 단기 대응만으로 생각이 매몰될 가능성이 높습니다.

리더십의 예측 가능성은 직원들에게 '심리적 안전감'을 제공합니다. 자신의 의견이 무시당하지 않을 것이라는 믿음을 바탕으로 더 넓고 깊이 생각할 수 있습니다.

동료에게 기대하는 신뢰

공개 채용이 거의 사라지고 개별 입사가 대세가 된 상황에서 동료 관계는 점점 변화하고 있습니다. '관계'보다 '일' 중심으로 변모하고 있습니다. 즉, 사람은 점차 뒤로 빠지고 일을 앞세워 판단합니다.

과거에는 집단 문화가 강해서 일을 잘하는가 그렇지 않은가는 큰(?) 이슈가 아니었습니다. 집단에서 함께 챙겨 주기도 했으니까요. 하지만 이제는 집단이 사라지고 개인밖에 남지 않았습니다. 그래서 더 드러나는 것이 개인의 '능력'입니다. 동료 사이에서의 '신뢰'는 같이 '일할 만하다'는 긍정적인 생각에서 비롯됩니다. 즉, 각자 본인 역할을 충실히 할 수 있을 거라는 믿음입니다. 이것은 나에게 잠재적인 피해를 줄 것인가 아니냐는 의중이 반영된 것입니다.

함께 팀으로 일하고 있으나 개별 책임과 역할이 강조되기 때문에 각자 할 일을 제대로 하는지가 중요해졌습니다. 만약 그렇지 않다면 내가 참여한 업무가 잘못되거나 남 일까지 떠맡게 될 테니까요.

침묵을 깨는 리더의 용기

리더의 '장기 미션'은 직원들이 리더를 예단할 수 있도록 예측 가능성을 높이는 것이고, 제 몫을 해내는 직원을 육성하는 것입니다. 단기적으로 어떻게 하면 좋을지, 도움이 되는 몇 가지 사례를 살펴보겠습니다.

① 자기반성 공유

워크숍 발표 자료 맨 앞에 리더의 '자기반성'의 페이지를 둡니다. 만약 워크숍 주제가 '원활한 소통'이라면 리더는 자신의 잘못된 소통 행위를 구체적으로 나열해 보는 것입니다. 리더의 행동에 직원은 처음에는 혼란스러울 수 있습니다. 뭔가 이상하다며 경계심을 가질 수도 있습니다. 하지만 계속해서 자기반성을 앞세우는 모습을 보여준다면 직원도 잘못을 인정하는데 두려움을 덜 수 있을 것입니다.

② 긍정적 피드백

직원의 의견에 즉각적인 평가를 자제하고, 인정할 만한 부분을 언급합니다. 내용이 별로라도 의견을 제시한 마음을 존중해 줍니다. 그런 다음 "그런 생각을 한 이유는 무엇인가요?", "다른 사람들은 어떻게 생각하나요?" 등으로 후속 소통이 이뤄지도록 유도합니다. 그러면서 리더가 생각하는 보완책을 언급합니다. 시간이 허락한다면 여러 사람이 함께하는 대화 속에서 평가되도록 이끌어 봅니다.

③ 새로운 발상 유도

평소와 다른 생각을 권장합니다. 일례로 '우리 회사를 아주 망치는 방법'을 얘기하자고 제안해 봅니다. 또는 '친구 회사'로 가정하고 논의하자고 합니다. 처음에는 익숙하지 않겠지만 리더가 지속해서 시도한다면 직원도 두려움을 덜고 말할 수 있습니다. 일을 망치는 아이디어를 쏟아낸 다음, 현재 우리의 상황과 비교해 봅니다.

④ 아이디어 장려

분기 또는 반기에 한 명에 하나씩 기존 관행을 뒤집거나 개선하는 아이디어를 제출받습니다. 썩 만족스럽지는 않더라도 아이디어를 제안한 직원을 공개적으로 칭찬합니다.

⑤ 도전 인정

실패하더라도 시도 자체를 격려합니다. 아울러 학습을 열심히 하는 직원을 우수 사례로 언급합니다. 인사 평가에서의 가산점도 고려합니다.

⑥ 조언 물색

솔직하게 피드백해줄 수 있는 사람을 회사 내외부에 둡니다.

리더가 되어 지위가 높아지면 진솔한 반응을 얻기 어렵습니다. 이런 경우를 대비해 의도해서라도 조언자를 구해야 합니다.

예시한 행동 모두 리더의 결단과 용기가 필요합니다. 순간의 아찔함과 후회가 밀려올지도 모릅니다. 처음에는 쉽지 않겠지만 구성원과 신뢰를 쌓아 소통이 풍성해진다면 보람 있는 시도가 될 것입니다.

이것만 따라 하세요!

- 리더가 먼저 자기반성과 부족함을 드러내면서, 직원이 가질 수 있는 두려움을 낮추도록 유도하세요.
- 직원의 의견에 즉시 평가하지 말고, 추가 질문을 통해 대화를 확장하세요.
- 정기적으로 아이디어를 요청하고, 시도를 장려하며, 인사 평가에 반영하세요.

16.
리더의 나쁜 말 습관

현장의 목소리: "제 말투가 그렇게 이상한가요?"

최근 리더십 코칭에서 어느 임원의 말이다. 그는 리더십 진단에서 낮은 점수를 받았다. 특히 잘못된 말과 관련된 언급이 눈에 띄었다.

"지시 내용은 수용할 만한데, 신경을 거슬리는 말을 쓸 때가 있습니다", "전반적으로 강압적인 어조입니다", "냉소적으로 업무 지시를 하고는 합니다".

임원은 이런 피드백을 인정하기 어려웠다. 어렵게 동의를 얻어 그가 주재하는 회의를 여러 건 녹음해서 같이 청취해 봤다.

"아… 저라도 기분 나빴겠어요"라는 말이 나오지 않을 수 없었다.

우리가 흔히 경험하는 회의 장면을 한번 상상해 볼까요? 공지 사항 전달과 토론이 마무리되고, 부서장이 마지막으로 이렇게 말합니다.

"혹시 이해가 안 되는 부분이 있으면 질문해 주세요."

회의실은 갑자기 조용해지고, 어색한 침묵만 흐릅니다. 부서장은 잠시 기다리다 이내 말을 이어갑니다.

"음... 질문이 없는 것 같네요. 그럼, 이것으로 회의를 마칩니다."

이런 모습, 꽤 익숙하지 않나요? 여기에 작은 문제가 있습니다. 뭘까요? 부서장의 질문 방식이 부서원에게 부담을 준다는 것입니다. 이런 상황에서 질문하면 직원들은 자신이 '이해력이 부족한 사람'으로 비춰질까 봐 걱정할 수 있습니다. 부서장의 말을 다음과 같이 조금만 바꿔보면 어떨까요?

"오늘 논의된 내용 중에 저의 설명이 부족했던 부분이 있다면 말씀해 주세요."

이렇게 표현하면 어떤 변화가 생길까요? 책임의 방향이 부서원에서 부서장으로 바뀝니다. 부서장 스스로 설명이 부족했을 수 있다고 인정하는 거죠. 이런 접근 방식은 부서원의 심적 부담을 크게 줄여줍니다. 결과적으로 편안한 마음으로 질문하거나 의견 제시를 할 수 있습니다.

리더가 주의해야 할 말

리더의 언어 사용은 팀의 분위기와 성과에 지대한 영향을 미칩니다. 현업 경험과 강의, 코칭 등 간접 경험을 통해 리더가 주의해야 할 표현 여섯 가지를 선정했습니다.

① 칭찬처럼 들리지 않는 칭찬

아마도 칭찬은 의도적이어야 한다는 말을 들어 봤을 것입니다. 많은 리더가 노력하고 있습니다. 다만, 처음부터 올바르게 해야 합니다. 이런 칭찬은 상대에게 어떻게 들릴지 생각해 보십시오.

"최 프로, 이번에 자료 아주 좋았어요."

칭찬을 시작하는 앞 문장이라면 별문제 없을 겁니다. 그런데 이게 칭찬의 전부라면 문제가 됩니다. 아무리 듣기 좋은 말이라도 두루뭉술한 표현보다 구체적으로 짚어 주는 게 효과적입니다.

(Good) "최 프로, 발표 구성이 예전 자료보다 근거가 명확해서 좋았어요. 몇 주 동안 야근한 보람이 있었네요. 수고 많았어요."

② 낙인찍는 듯한 피드백

"조 주임, 이 정도밖에 못 해요? 당신 입사 후부터 지금까지 계속 꼴찌잖아."

아마도 답답한 마음에서 나온 말 같습니다. 이해는 되지만, 이런 피드백은 사실 안 하는 게 낫습니다. 모욕적으로 들리는 표현입니다. 단정적인 판단을 드러내면 상대의 기분을 상하게 할 뿐만 아니라 더 이상 기대가 없음을 뜻하게 됩니다. 그러면 직원은 지레짐작 포기해 버릴 수 있습니다. 이렇게 바꿔 보면 좋겠습니다.

(Good) "조 주임, 작년부터 실적 이슈가 계속됐어요. 내가 여러 번 피드백했는데 아직 개선되고 있지 않네요."

감정이나 주관이 아닌 객관적인 사실을 상기하는 방식으로 피드백을 제공할 때 상대방이 더 적극적으로 문제 해결에 참여할 수 있습니다.

③ 대상자를 주어로 하는 말

"이 매니저 보고서에는 누락된 게 많아요. 작년 리뷰 자료가 없고, 경쟁사 동향도 철저하게 분석되지 않았어요. 이래서야 제대로 된 보고서라 할 수 있나요?"

이 말에 어떤 느낌이 드나요? 마치 얼마전에 내가 한 것 같은 정말 자주 하는 말입니다. 별문제가 없는 것처럼 생각이 들기도 합니다. 하지만, 이 말을 듣는 이 매니저 마음은 어떨까요? 상처가 되지 않을까요? 이렇게 바꿔보면 어떨까요?

(Good) "이 매니저, 보고서를 검토해 보니까 나는 몇 가지 우려가 있어요. 작년 리뷰 자료가 빠져 있고 경쟁사 동향 분석도 구멍이 있어서 본부장님께 이대로 보고하면 질책하시지 않을까 걱정되네요."

첫 번째 표현과 두 번째 표현의 실제 내용은 차이가 없습니다. 보고서가 문제가 있다고 둘 다 말하는 것입니다. 다만, 차이점은 '내가 느끼는 부분'을 앞세웠느냐 그렇지 않느냐입니다. 그리고 문제가 있는 보고서가 초래할 결과를 말했다는 점에서 다릅니다.

나를 주어로 해서 내가 느끼는 바를 먼저 말한 후 그렇게 생각한 근거를 제시합니다. 근거는 상대의 행동보다 그 행동이 가져올 영향을 앞세워서 말합니다. 이 두 가지만 바꿔도 직원은 덜 방어적인 태도를 보이고, 더 열린 마음으로 피드백을 받아들입니다.

④ 회사의 방침을 잘못 전달하는 경우

회사의 정책과 제도는 수시로 변경됩니다. 이를 정확하게 공지하는 것도 리더의 미션 중 하나입니다. 설명이 끝난 후에 직원의 회의적인 반응이 나올 수 있습니다.

"회사에서 정했으니까 그냥 하세요."

이렇게 말하는 건 리더가 그저 회사의 뜻을 단순히 전달만 하는 메신저를 자처하겠다는 뜻입니다. 리더는 전달하기 전에 회사 방침을 충분히 자기 것으로 소화한 후 온전히 나의 지시로 전달해야 합니다. 그래야 납득을 기대할 수 있습니다.

(Good) "이번 정책 변경은 우리 팀의 장기적인 성장과 관련이 있습니다. 초기에는 적응이 어려울 수 있지만, 나중에 얻을 수 있는 이점을 함께 고려하면 좋겠습니다."

⑤ 동기를 꺾는 빈정거림

"김 팀장 말은 알겠는데, 솔직히 그게 되겠어요? 경험 많은 사람이 너무 순진하게 접근하는 거 아닌가요? 경력은 어디 고 스톱판에서 땄나…"

김 팀장이 제안이나 건의했을 때의 부서장 반응입니다. 마치 조롱하는 것처럼 느껴집니다. 제가 만나본 리더 중에 미팅하기 전 '내가 이 친구 한껏 조롱해 줘야지!'라고 다짐하는 경우는 없었습니다. 힐난이나 비아냥은 부지불식간에 튀어나오는 것입니다. 물론 비슷한 잘못이 반복되니 갑갑한 마음에서 그럴 수는 있겠지만, 사실 아이디어를 개진하는 직원은 매우 귀합니다. 이런 사람의 동기를 꺾어버린다면 앞으로는 쉽게 입을 열지 못할 겁니다. 다음과 같이 바꿔보면 좋겠습니다.

(Good) "김 팀장, 제안해 줘서 고마워요. 생각해 보니 나는 현실성이 낮지 않을까 싶은데요. 일부는 살리면서 나머지는 다른 쪽으로 생각하면 어떨까요?"

⑥ 잘못된 사과

사회적으로 물의를 일으킨 조직이나 개인이 언론 앞에서 사과하는 장면을 종종 볼 수 있습니다.

"만약 제 행동으로 상처를 입었다면 미안합니다." "내 말로 심리적 피해를 봤다면 재발하지 않도록 주의하겠습니다."

어떻습니까? 문제없는 사과로 들리나요? 사과할 정도면 이미 상대는 적지 않은 피해를 봤을 겁니다. 그런데도 가정법을 사용한다는 건 사과의 진정성을 의심하게 합니다. 리더도 잘못할 수 있습니다. 잘못을 사과한다는 건 용기 있는 행동이죠. 당신의 진의가 의심받지 않도록 주의를 기울여야 합니다.

(Good) "나의 잘못된 행동으로 상처를 줬습니다. 진심으로 송구하고, 앞으로 주의하도록 하겠습니다."

부적절한 말버릇

우리가 평소에 무심코 사용하는 말 중에는 상대방에게 부정적인 영향을 주는 표현이 있습니다. 이번 기회에 여러분이 평소 직원들과 대화할 때 어떤 문구를 사용하는지 점검하는 게 어떨까요? 다음은 리더가 피해야 할 대표적인 말버릇입니다.

- '솔직히 말하자면': 직원에게 진정성을 보인다며 덧붙이는 말입니다. 한두 번은 괜찮지만, 습관적으로 사용하면 '전에 한 말은 다 거짓말이었나' 싶은 생각을 품게 할 수도 있습니다.
- '사실상, 사실은': 리더는 현실을 진실하게 말한다고 이렇게 말을 시작하곤 합니다. '솔직히 말하자면'과 비슷합니다. 마찬가지로 이런 말은 '그럼 다른 말은 사실이 아니었나?'하는 의구심을 갖게 합니다.
- "원래 그래요": 상대가 문제를 제기하는 장면에서 리더가 하는 말입니다. '이곳은 그런 데니까 아무 말 마세요'라는 식으로 들립니다. 다음부터는 섣불리 말을 꺼내기가 힘들게 만드는 표현입니다.
- "내가 전에 그랬잖아, 내 말이 맞잖아": 문제를 일으킨 직원에게 하는 말 같습니다. 예전에 분명 지적했는데 또 이런 사건이 벌어졌으니 "그건 다 당신 책임이야"라는 거죠. 문제가 생겼다면 원인을 찾는 게 급선무입니다. 잘잘못은 그 후에 찾아도 늦지 않습니다. 사건이 일어났을 때마다 조직이 책임자를 먼저 문책하려 들면, 웬만한 잘못은 다 숨기려고 할 겁니다.
- "그냥 하던 대로 하세요.": 성과 목표를 정할 때 나올 만한 말입니다. 이 말 한마디면 리더가 목표 설정에 어떤 자세로

임하는지 단번에 파악할 수 있습니다. 결과적으로 직원들도 보수적인 태도로 돌아서게 됩니다.

지금까지 리더가 주의해야 할 말을 살펴봤습니다. 두 가지 공통점이 있습니다. 첫째, 상대방의 감정을 존중해야 한다는 점입니다. 직원의 기분을 상하게 하는 순간, 리더의 메시지는 제대로 전달되지 않을 것입니다. 둘째, 객관적이고 구체적인 표현을 사용해야 한다는 것입니다. 이를 위해서는 평소에 직원들을 주의 깊게 관찰하고 그들의 업무 수행 능력과 태도를 꾸준히 기록해 두는 것이 좋습니다. 이렇게 축적된 정보를 바탕으로 직원들과 대화를 나누면 더욱 세밀하고 원활한 소통이 가능해집니다.

이것만 따라 하세요!

- 칭찬할 때는 구체적인 행동이나 성과를 언급하여, 왜 그것이 가치 있는지 설명하세요.
- 사과할 때는 가정법을 사용하지 않고, 자기 잘못을 명확히 인정하며 재발 방지를 약속하세요.
- '솔직히', '사실은' 같은 부적절한 말을 습관적으로 쓰는지 주위에 피드백을 구하세요.

17.
브레인라이팅으로
아이디어 소통을

현장의 목소리: '또 저 사람과 브레인스토밍이라니…'

나는 마케팅팀장이다. 오늘 전사 워크숍 장소로 향한다. 대표, 임원, 팀장 전원이 참석 대상이며 논의 주제는 내년 경쟁 전략 수립이다. 강당 뒤편에 게시된 분임조와 조원을 확인한다.

'아이고… 오늘도 제대로 된 논의는 힘들겠구나!'

시작하기 전부터 가슴이 꽉 막힌다. 사내 최고 왕 꼰대 영업팀장과 한 조가 됐기 때문이다. 아니나 다를까 조별 토의가 시작되자마자 영업팀장이 일장 연설을 늘어놓는다. 대부분 작년 워크숍 때 했던 말이다. 다들 지루한 표정이 역력하다. 몇 명이 다른 의견을 제시하는데 그때마다 영업팀장은 "당신이 시장에 나가서 팔아 봤어?"라고 쏘아댄다. 그러는 통에 별다른 토론이 진행되지 못한다. 이내 토론 시한이 다가오고, 결국, 영업팀장의 한마디에 우리 조 브레인스토밍은 끝나 버렸다.

"황 대리, 내가 얘기한 거 중심으로 잘 정리해서 발표해!"

요새 '퍼실리테이션'에 관심이 높아지고 있습니다. 퍼실리테이션(Facilitation)은 효과적인 기법과 절차에 따라 구성원이 적극적으로 의사결정에 참여하고 상호작용을 통해 효율적인 의사결정을 내리는 것을 말합니다. 과거의 조직 문화가 리더 중심의 일방적 하향식 소통이었다면, 현재는 양방향 소통의 문화가 중요해졌습니다. 이는 리더 혼자 모든 해답을 가질 수 없으며, 함께 협력하여 해결책을 만들어가야 하는 지금의 세태를 반영한 것입니다.

퍼실리테이션의 또 다른 중요한 역할은 구성원의 동기 촉발입니다. 사람들은 생각하고, 말하고, 대화하는 과정에서 자연스럽게 몰입합니다. 이러한 활동으로 의사결정 과정에 참여하면, 실행에 대한 관심과 동기는 크게 올라갑니다. 따라서, 퍼실리테이션은 단순히 결과물을 산출하는 것 이상의 의미가 있습니다.

여러분이 '퍼실리테이션'이라는 용어를 생소하게 느낄 수 있지만 실제로는 이미 경험해 보았을 가능성이 높습니다. 예를 들어, 워크숍에서 조별 토의를 해본 경험이 있다면 그것이 바로 퍼실리테이션입니다. 아마 브레인스토밍이라고 들어 봤을 겁니다. 즉, '브레인스토밍'은 가장 널리 알려진 퍼실리테이션 기법

중 하나입니다.

여기서 의문이 생길 수 있습니다. '브레인스토밍이 퍼실리테이션 기법이라고? 그렇다면 퍼실리테이션도 별로 특별할 게 없는 거 아닌가?' 이런 생각은 아마도 제대로 작동하지 않은 브레인스토밍을 경험했기 때문에 그럴 것 입니다.

브레인스토밍에서는 가능한 한 많은 아이디어가 쏟아져야 합니다. 개중에는 비현실적이거나 너무 뻔한 아이디어도 섞여 있습니다. 짜증이 난 부장님이 한마디 합니다. "이걸 아이디어로 내고 있어?" 그 순간 '브레인스톱'이 되고 맙니다. 판단과 비평이 없어야 아이디어가 나옵니다. 하지만 브레인스토밍 룰을 원칙대로 수행하는 조직은 의외로 적습니다.

아울러 브레인스토밍은 '말'을 매개로 하므로 소위 말발이 센 사람 위주로 논의가 흘러갈 위험성이 있습니다. 조용한 사람은 의견 내기를 어려워 하고 또 고민하기 싫어 대충 묻어가려는 사람도 생기게 됩니다. 이런 문제는 브레인스토밍의 효과를 떨어뜨립니다.

브레인스토밍 말고 브레인라이팅

브레인스토밍의 제약 사항을 보완하고자 할 때, 브레인라이팅(Brainwriting)을 추천합니다. 우선 의사결정이 필요한 주제를 공지합니다. 브레인스토밍처럼 제한 없는 아이디어를 마구 뽑아내는 방식이 아니라 정해진 소주제에 집중해서 아이디어를

브레인라이팅 양식 예시: 주제 '직원의 동기 유발을 위한 아이디어 도출

직원의 동기 유발 아이디어		
본인(리더) 실천	부서(팀) 실천	경영진 지원

모읍니다. 중간관리자 대상 워크숍에서 자주 사용되는 진행 방식으로 설명하겠습니다.

① 준비 단계

- 주제: 직원의 동기 유발 아이디어
- 하위 구분: 본인이 할 일, 부서(팀)가 할 일, 회사가 도와줄 일 (제안, 건의, 요청)
- 조 구성: 5명이 한 조

② 브레인라이팅 진행

- 각자 맨 위 행에 본인의 아이디어 3개를 적습니다(첫 번째 라운드). 한 라운드는 약 5분간 진행합니다.

- 시간이 지나면 자신의 오른쪽 사람에게 페이퍼를 전달합니다.
- 다음 행에 바로 위 행의 아이디어와 '관련된' 또 다른 아이디어를 적습니다. 연관 아이디어가 없으면 새로운 아이디어를 적어도 됩니다.
- 참여 인원대로 라운드를 돌게 되면 페이퍼가 자신에게 돌아옵니다.

③ 아이디어 도출 결과
- 25분 동안 조별로 75개의 아이디어가 모입니다(예를 들어, 한 페이퍼당 5명×15개 아이디어).
- 이렇게 총 4개 조가 진행했다면 총 300개의 아이디어가 모입니다.

④ 아이디어 선별 과정
- 조별 내에서 각자 주제별로 가장 선호하는 한 가지 아이디어를 선택합니다(본인 아이디어 제외).
- 선택한 3개의 아이디어를 포스트잇에 써서 큰 종이에 붙입니다.
- 조별로 15개의 아이디어가 추려집니다.
- 조원들이 스티커를 붙여 6개(하위 구분 2개씩)를 선별합니다.
- 총 4개 조에서 24개의 아이디어를 1차로 추립니다.

⑤ 최종 평가

- 선별된 아이디어를 전체가 볼 수 있는 큰 보드나 전지에 붙입니다.
- 스티커 붙이기 투표로 최종 평가와 우선순위를 결정합니다.
- 이를 초안으로 삼고, 추후 논의를 더 거쳐 최종안을 확정합니다.
- 필요시 온라인 투표를 통해 더 많은 구성원의 관심과 참여를 이끌 수 있습니다.

브레인라이팅은 누구나 동등하게 아이디어를 낼 수 있고, 구성원들과 함께 검토하다 보니 '무임승차자'가 생기지 않습니다. 또한, 아이디어가 중구난방으로 펼쳐졌을 때, 이를 그룹화하고 이름 붙이는 수고를 덜 수 있습니다. 경험상 브레인스토밍보다 짧은 시간에 더 많은 아이디어를 모을 수 있었습니다. 참여해 본 사람들 대부분이 높은 만족도를 표현했습니다.

적절한 소통의 모습

리더의 소통은 다양한 형태로 나타나며 크게 업무 소통, 아이디어 소통, 감성 소통으로 구분할 수 있습니다. 업무 소통은 일상적인 사무실 환경에서 이루어지는 업무 지시와 협의를 말하며, 아이디어 소통은 워크숍이나 아이데이션 미팅에서 이루어지는 창의적인 교류를 의미합니다. 감성 소통은 공감과 경청을 통해 직원들과 정서적으로 교감하는 과정을 말합니다.

다만, 현대의 조직 환경에서는 이러한 소통 방식들이 명확히 구분되기보다는 복합적으로 나타나는 경향이 있습니다. 따라서, 이들을 굳이 구별하지 않고 각각의 장점을 상황에 맞게 혼용하여 효과를 극대화하는 것이 중요합니다. 예를 들어, 퍼실리테이션 기법은 반드시 워크숍에서만 사용되어야 한다는 고정관념에서 벗어나, 일상적인 상황에서도 적용할 수 있습니다. 간단하게 회식 메뉴를 정할 때도 스티커 투표와 같은 참여형 기법을 활용할 수 있습니다.

이처럼 구성원을 의사결정 과정에 참여시키는 것 자체가 바로 성공으로 가는 소통의 시작점이 됩니다. 결국, 적절한 소통의 모습은 상황에 따라 다양한 소통 방식을 유연하게 활용하고 구성원의 적극적인 참여를 끌어내는 것이라고 할 수 있습니다.

이것만 따라 하세요!

• 과거 아이디어 도출을 위한 브레인스토밍 모습은 어땠는지 복기하세요.

• 브레인라이팅과 같은 기법을 활용하여 모든 참가자가 동등하게 아이디어를 제시하도록 하세요.

• 일상적인 결정에도 종종 투표나 참여형 기법을 적용하여 구성원의 자발적인 개입을 유도하세요.

18.
소통을 좌우하는 리더의 마인드

아래 다섯 가지를 보고, 맞다 아니다 답을 한번 해보세요.

① 나는 사람들에게 무능하게 보이지 않는 게 중요하다.
② 사람은 긍정적으로 변할 수 있다고 생각한다.
③ 사람은 최신 기술을 배울 수 있지만, 현명해지긴 어렵다.
④ 나는 대부분의 경우 도전을 선택하는 편이다.
⑤ 실패는 나의 과오가 드러나는 창피한 이벤트다.

스탠퍼드대학교 심리학과 캐롤 드웩 교수의 마인드셋 이론은 개인의 성장과 성공에 중요한 통찰을 제공합니다. 이에 따르면, 우리의 사고방식이 행동과 성취에 지대한 영향을 미칩니다.

성장 마인드셋
"실패는 성장의 기회다"
"도전은 나의 성장을 돕는다"
"나는 무엇이든 배울 수 있다"
"노력과 태도가 나의 능력을 만든다"
"피드백은 건설적 의미가 있다"
"나는 새로운 시도를 좋아한다"

고정 마인드셋
"실패는 내 능력의 한계다"
"내 능력은 이미 출중하다"
"도전을 별로 좋아하지 않는다"
"나의 가능성은 이미 정해져 있다"
"피드백은 효과적이지 않다"
"나는 새롭게 시도하지 않는다"

보통 ①, ③, ⑤번 항목에 '그렇다'라고 응답한 사람은 '고정 마인드셋'을 가진 것으로 간주합니다. '고정 마인드셋'을 가진 사람은 자신의 능력, 재능, 지능이 타고난 것이며 변하지 않는다고 믿습니다. 이러한 사고방식은 그들의 행동에 여러 가지 영향을 미칩니다. 그들은 자신의 능력을 증명하는 데 집중하며 실패를 자아를 향한 위협으로 여깁니다. 따라서, 도전을 회피하고, 실패를 두려워하며, 자기 능력을 과대평가하는 성향이 있습니다. 이는 마치 독불장군처럼 자신의 한계를 인정하지 않고, 새로운 것을 배우려 하지 않는 태도로 나타날 수 있습니다.

반면, '성장 마인드셋'을 가진 사람은 자신의 능력과 지능이 노력, 학습, 인내를 통해 발전할 수 있다고 믿습니다. 이들은 도전을 성장의 기회로 받아들이고, 실패를 학습의 과정으로 여깁니다. 노력을 통해 본인의 능력을 향상시킬 수 있다고 믿기 때문에 어려운 상황에서도 포기하지 않고 끈기 있게 도전합니다.

이러한 마인드셋의 차이는 개인의 성장과 성취에 큰 영향을 미칩니다. 성장 마인드셋을 가진 사람들은 지속적인 학습과 발전을 추구하며, 결과적으로 더 큰 성공을 거둘 가능성이 높습니다. 반면, 고정 마인드셋을 가진 사람은 자신이 쌓은 한계에 갇혀 성장의 기회를 놓칠 수 있습니다.

득점 후 히딩크 감독의 행동

2002년 한일월드컵은 많은 이의 기억에 선명히 남아 있습니다. 우리나라가 처음 개최한 월드컵에서 4위라는 놀라운 성적을 거두었기 때문입니다. 이 성과의 중심에는 거스 히딩크 감독이 있습니다. 그는 아무도 예상치 못한 결과를 만들어냈죠.

당시 히딩크 감독에게는 한 가지 특이한 행동이 있었습니다. 한국팀이 골을 넣은 직후 선수들과 코치진이 환호하는 그 순간, 짧게 축하를 한 뒤로는 곧바로 벤치로 돌아갔습니다. 한 번이 아닌 거의 매 득점 상황에서 동일한 행동을 반복했습니다. 아마도 평정심을 되찾고 다음 전략을 구상하려고 했던 것 같습니다. 저는 이 모습을 고정 마인드셋에서 성장 마인드셋으로 전환하는 순간의 비유로 봅니다.

사실 우리는 모두 양쪽 마인드셋을 동시에 지니고 있습니다.

그래서 앞서 언급한 제시문의 ①, ③, ⑤번에 '그렇다'고 답한 이들도 낙담할 필요는 없습니다.

고정 마인드셋은 주로 성공의 순간에 나타납니다. 조직에서는 승진, 수상, 업무 성과에 칭찬과 인정을 받았을 때가 대표적입니다. 이때 우리는 우쭐해지고 자신이 대단하다고 여기게 됩니다. 이런 감정 자체가 나쁘지는 않습니다. 축하받아 마땅한 순간이고, 노력의 결실이니까요. 문제는 이 상태가 오래 지속될 때 발생합니다.

우리도 모르는 사이에 그렇게 되곤 하죠. 고정 마인드셋의 순간은 매우 달콤하기에 그 기분에서 벗어나지 못하고 오래 머무르려 합니다. 그렇게 시간이 지나면 건전한 자신감은 해로운 자만심으로 변질됩니다. 따라서, 자축의 시간은 짧게 가져야 합니다. 신속히 평정심을 되찾고 앞으로 나아가야 합니다. 그것도 혼자가 아닌, 함께 일하는 동료와 함께 말입니다. 이것이 바로 히딩크 감독이 우리에게 보여준 리더의 참모습입니다.

직원을 바라보는 나의 마인드셋

학생을 대상으로 하는 흥미로운 실험이 있습니다. 학업 성취도가 비슷한 학생들을 A와 B 두 그룹으로 나누고, 실력이 비슷한 교사를 각각 배정했습니다. 1년간 동일한 교과 과정을 같은 학교에서 최대한 똑같은 조건으로 진행했습니다. 단, 그룹 A를 맡은 교사에게만 실험 시작 전 이 한마디를 추가했습니다.

"사실은요. 선생님이 맡은 그룹 A 학생들이 그룹 B 학생들보다 공부를 더 잘합니다." (사실 이말은 실험을 위한 거짓말이었습니다.)

1년 후 학업성취도 평가에서 진짜로 그룹 A 학생들이 그룹 B 학생들보다 유의미하게 높은 결과를 보였습니다. 같은 환경에서 교사의 '기대치'만 달랐을 뿐입니다. 이는 리더의 기대가 구성원의 성과에 큰 영향을 미친다는 사실을 보여줍니다.

리더는 직원의 발전 가능성을 희망하고 기대해야 하며, 이를 명확히 표현해야 합니다. 최근 쟁점이 되는 '학교 폭력' 사례에서도 이런 점을 엿볼 수 있습니다. 학폭위 참여 교사에 따르면 가해 학생들의 진술을 보면 공통적으로 부모의 낮은 기대감을 언급한다고 합니다.

"엄마 아빠는 저에게 관심이 없습니다."

"늦게 와도, 공부하지 않아도 나무라지 않습니다."

"학교에 와서 선생님을 만난 적이 한 번도 없었어요."

이는 주변의 낮은 기대가 학생들의 부적절한 행동으로 이어질 수 있음을 시사합니다.

직원을 관리하는 리더 역시 어떤 '마인드셋'으로 직원을 대하는지가 중요합니다. "네가 또 이런 줄 알았어", "너는 뭐 하나 잘하는 게 없구나!"와 같은 비아냥은 리더가 직원에게 기대가 없다는 강력한 신호가 됩니다. 기대가 없다면 직원이 열심히 노력할 이유도 없어지고 결국, 리더의 의도와는 다르게 행동할 위험이 커집니다. 이런 직원이 늘어날수록 조직의 실력은 떨어지게 됩니다.

리더는 직원의 잠재력을 믿고, 그들의 성장을 지원하는 성장 마인드셋을 가져야 합니다. 이는 단순히 긍정적인 말을 하는 것을 넘어, 진정으로 직원의 발전 가능성을 믿고 그에 맞는 기회와 지원을 제공하는 것을 의미합니다. 이러한 리더의 태도는 직원들의 자신감과 동기부여를 높이고 궁극적으로는 구성원 전체의 성과 향상으로 이어집니다.

이것만 따라 하세요!
- 자신이 현재 '고정 마인드셋' 그리고 '성장 마인드셋' 둘 중 어느 쪽에 있는지 확인하세요.
- 직원을 단정적으로 쉽게 판단하지 말고, 열린 생각을 갖고서 가능성을 염두에 두고 살피세요.
- 구성원의 발전을 진심으로 기대하고, 반드시 표현하세요.

19.
2030 직원과의 소통 원칙

현장의 목소리: "젊은 팀장들과 어떤 관계를 맺어야 할지 모르겠어요."

A 담당은 다섯 개 팀을 관리하는 중간관리자다. 그중 세 팀장은 그와 나이 차이가 크지 않지만, 두 팀장은 40대 초반의 MZ세대 관리자다. 현재 A 담당은 이 두 팀장과 관계 설정에 어려움을 겪고 있다.

"세 팀장과는 실무진으로 함께 일한 시간이 꽤 됩니다. 손발이 잘 맞고, 전통적인 조직 문화에도 익숙하죠. 하지만 두 팀장은 다릅니다. 제가 친근하게 다가가려 하면 의도적으로 피합니다. 처음에는 꽤 불쾌했지만, 지금은 포기했습니다."

A 담당이 과거의 수직 관계만을 고수하려는 것은 아니다.

"저도 알고 있어요. 두 사람과는 다른 방식의 관계가 필요하다는 걸요.

안타깝게도 저는 아직 적절한 방법을 찾지 못한 것 같습니다."

조용한 사무실 한편에서 부서를 관찰하면, 연차가 높은 직원이나 이제 막 입사한 신입 사원이나 모두가 자기 일을 열심히 하며 문제없이 일하는 것처럼 보입니다. 그러나 활발한 소통은 많지 않습니다. 혹시 구성원의 마음속에는 이런 생각이 있는 건 아닐까요?

- [기성세대] '권리를 주장하기 전에 할 일부터 잘했으면 좋겠다. 어이구… 개념 없는 친구야….'
- [젊은세대] '우리한테는 라떼 잔소리 남발, 회사에는 유구무언, 답답한 꼰대 양반아….'

서로 다르기만 한 것 같은 세대가 섞인 조직에서는 함께 대화하고 일하는 방법을 모색해야 합니다. 이를 위한 첫걸음은 바로 '다름' 즉, 차이를 인식하는 것입니다.

차이의 원인을 정확히 알자

우선 기성세대(베이비부머, X세대)와 젊은 세대(Y세대, Z세대) 간 다름의 이유에 주목할 필요가 있습니다. 차이를 단순히 개인의 문제로 치부하지 않기 위해서입니다.

① 성장한 궤적이 다르다

기성세대의 성장기에는 '공부냐 장사냐'라는 단순한 선택지만 존재했습니다. 반면, 젊은 세대는 다양한 경로와 가능성을 가지고 있습니다. 이에 따라 젊은 세대는 더 역동적이고 자유분방한 특성이 있습니다.

② 받았던 교육이 다르다

어느 초등학교 졸업식에 가보니 졸업생 모두가 상장을 받더군요. '스마일상', '응원상', '환경미화상'… 가지각색의 상이 있었습니다. 모든 학생이 상을 받을 만큼 소중한 존재라는 뜻입니다. 2010년 경기도를 시작으로 '학생인권조례'가 제정되어 체벌이 금지되고 사생활과 표현의 자유가 공식적으로 보장되기 시작했습니다. 가정과 학교에서는 '무한한 가능성이 있는 귀한 존재'라는 자존감 교육을 받았습니다. 그 결과 자기 중심성이 강한 세대가 등장하게 됐습니다. 학생 수가 너무 많아 한 반에 60명 이상으로 2부제, 3부제 방식으로 수업받던 기성세대와 구별되는 특징을 보이는 게 너무 당연합니다.

③ 처음 경험이 다르다

X세대의 부모는 성년일 때 경제적으로 후진국이었습니다. X세대는 중진국일 때 성년을 맞았습니다. 그 아래 세대는 선진국일 때 사회생활을 시작했습니다. 판단 기준의 출발점이 다릅니

다. "예전엔 피죽도 배불리 못 먹었다."는 부모 세대의 말에 X세대가 공감하기 어려웠듯이 "나 어릴 때는 좋은 물건은 무조건 '외제'였어."라는 X세대 말에 젊은 세대는 수긍할 수 없습니다.

안타깝게도 기성세대는 이러한 차이를 경계하고 거부하는 성향이 있습니다. 그들은 '다양한 문화'를 주도한 경험이 부족해 세대 차이 자체를 심각한 문제로 인식하곤 합니다. 젊은 세대 역시 이 차이를 극복할 수 없는 장벽으로 여기고, 기성세대와 거리를 두는 모습을 보입니다.

과거 젊은 직원이 소수였던 때는 어찌어찌 기존 질서에 억지로 맞추려 했지만, 이들이 절반 이상을 차지하는 요즘 조직에서는 이러한 차이를 인정하지 않으면 조직의 기본 운영조차 어려워집니다. 더 이상 무시하고 넘어갈 수 있는 문제가 아닙니다.

차이를 대하는 리더의 자세

2021년부터 시작된 소위 'MZ세대 이해하기' 열풍이 기업 교육 시장에 불었습니다. 'MZ세대 직원과 함께 일하기', 'MZ세대와 성과 내기' 등의 과정이 대표적이었죠. 차이가 나도 너무 나는 이들을 이해하고자 하는 리더의 노력은 계속되었습니다. 하지만 얼마나 효과를 보았는지는 확신하기 어렵습니다.

• "잘 모르겠습니다. 교육받아서 머리에 입력은 했는데, 가슴

으로 와 닿지는 않더라고요."

- "직원들이 뭔가 불편함을 느끼더라고요. 저도 노력은 하는데 아직 갈 길이 먼 것 같습니다."
- "겉으로는 좀 나아진 것 같은데, 젊은 직원들 속마음도 그런지는 확신할 수 없네요."

중간관리자들의 솔직한 반응입니다. 교육 후 차이를 극복(?)했다고 말하는 리더는 거의 없었습니다. 쉽게 넘어서지 못하는 세대 차이, 리더는 어떻게 해야 할까요?

'포용 또는 다양성'의 관점에서 접근하는 것이 바람직합니다. 인간관계는 다른 사람들과 소통과 교감을 기본으로 합니다. 그 과정에서 차이는 인식될 뿐이지, 모든 차이를 전부 이해하기는 어렵습니다. 즉, 시대 배경에 따라 나온 다른 세대라는 맥락만 알고 굳이 이해하려고 애쓰거나 판단하지는 말자는 얘기입니다. 차이라는 실체 그대로를 인정하고 수용하면 된다고 봅니다. 이어서 신뢰를 쌓는 실천 방향에 집중하는 방식을 찾는 것이 낫다고 생각합니다. 이러한 접근 방식은 다음과 같은 이점을 가져올 수 있습니다.

- 열린 마음: 차이의 존재를 인정함으로써 양측 간 인정의 폭을 넓힐 수 있습니다.
- 스트레스 감소: 모든 차이를 이해하거나 극복해야 한다는

부담에서 벗어날 수 있습니다.

- 다양성 활용: 각 세대의 고유한 특성을 조직의 강점으로 활용할 수 있습니다.
- 효과적 소통: 공통점을 찾거나 공유 가치에 집중한 소통의 원칙을 만들 수 있습니다.
- 창의성 향상: 다양한 관점에서 좀 더 새로운 해결책을 도출할 수 있습니다.

조직과 리더가 신뢰를 구축하는 법

기업들은 세대 간 신뢰 구축을 위해 다양한 시도를 하고 있습니다. 프로젝트팀 구성 시 다양한 연령대를 고려하고, 자유로운 분위기의 파티를 열거나, 사무실에 공유 공간을 만드는 등의 시도가 있었죠. 하지만 이런 노력은 일시적인 효과만 있을 뿐, 지속적인 관심과 호응을 얻기는 어려웠습니다. 이제 조직과 리더 개인이 각자 어떤 노력을 해야 하는지 살펴보겠습니다.

앞서 얘기한 대로 조직 차원에서는 '차이'의 부각보다는 '목적'에 집중하는 것이 중요합니다. 코로나19 이후 많은 사람들, 특히 젊은 세대들이 인생을 깊이 성찰하게 되었습니다. 이런 상황에서 '타운 홀 미팅'을 통해 조직의 목적을 함께 고민하는 것은 어떨까요? 그리고 '리버스 멘토링 프로그램'도 효과적일 수 있습니다. 기성세대가 젊은 세대에게 소셜 미디어나 최신 기술을 배우면서 서로 이해하고 유대감을 쌓는 방법입니다.

한편, '기성세대 이해하기' 과정을 교육에 포함하는 것도 좋은 방법입니다. 최근에 젊은 세대를 이해하려는 노력이 과도한 듯 보이는데, 세대 간 소통은 쌍방향이어야 합니다. 젊은 세대도 기성세대의 특성과 고충을 이해하는 자세가 필요합니다. 이는 더 깊은 신뢰 관계를 형성하도록 돕습니다.

리더의 노력도 빠질 수 없습니다. 나이가 들면 사고가 경직된다는 고정관념이 있지만, 최근 뇌과학에 따르면 우리의 뇌는 나이와 상관없이 특이한 경험을 통해 변화할 수 있다고 합니다. 이를 '뇌 가소성'이라고 하죠. 리더들도 인식의 틀을 바꾸려 노력한다면, 다양한 세대와 함께 효과적으로 일할 수 있습니다. 최근 젊은 직원에게 받은 신선한 자극을 떠올려보세요. 처음엔 당황스러웠더라도, 그 경험이 업무에 어떤 도움이 될지 차분히 생각해보면 좋은 인사이트를 얻을 수 있습니다.

공감 소통 접근법

다양한 세대와 함께 일하는 현대 직장에서 '공감 능력'은 필수입니다. 정성을 다해 접근하면 공감대를 원활하게 형성할 수 있죠. 이를 위해서는 의도적인 감성 연습이 필요합니다.

하버드 의과대학 교수인 헬렌 리스는 공감 능력을 높이는 일곱 가지 열쇠(EMPATHY)를 제시하며 공감은 학습할 수 있다고 말합니다.

① **Eye Contact (눈 맞춤): "상대방의 눈동자 색깔을 알아볼 만큼 눈 맞춤에 주의를 기울여라."**

두 사람 모두 어렵사리 시간을 내서 면담 자리를 만들었습니다. 하지만 리더는 들어오는 직원에게 눈인사한 후에도 계속 모니터를 응시합니다. 직원이 말을 시작하자 쳐다보기는 하는데, 이따금 스마트폰을 흘깃거립니다. 일부 리더가 이런 식으로 소중한 시간을 낭비합니다. 상대가 어떤 느낌을 받았을지는 말하지 않아도 알 수 있습니다. 너무 가까이 마주한 상황에서 눈을 빤히 쳐다보면 날카롭게 느낄 수 있습니다. 코나 인중을 바라보는 것이 부드러운 시선 처리에 도움이 됩니다.

② **Muscles of facial expression (표정): "표정에 집중하며, 상대방의 감정 상태를 느껴라."**

우리는 표정을 읽어 그 사람의 감정 상태를 판단합니다. 대화 중 표정이 어디에서 달라지는지 파악하는 게 중요합니다. 그런 후 조심스럽게 물어야 합니다. "지금 감정 상태는 어떻습니까?", "얼마큼 힘들었나요?"와 같은 말입니다. 표정 변화의 정도나 빈도는 사람마다 다를 수 있으므로 이를 확인하는 질문이 필요합니다. 아울러 본인의 표정을 확인하고 대화에 참여하길 권장해야 합니다. 거울 속 내 모습을 살피면서 면담 전 가졌던 기분이 대화에 영향을 주지 않도록 주의합니다.

③ Posture (자세): "상대의 공감을 끌어내는 자세를 취하라."

1:1로 마주하면 상대방의 자세를 한눈에 볼 수 있습니다. 당신이 취하는 자세에 따라 이 사람이 지금 나에게 얼마나 집중하는지 가늠이 됩니다. 사장님 포즈로 팔짱 낀 채 앉은 리더에게 호감을 품을 직원은 없을 겁니다. 대상자를 향해서 상체를 기울이고 두 손은 책상 위에 두는 것이 좋습니다. 이것은 상대가 자신에게 몰입한다는 생각을 갖게 합니다.

미국 의사를 대상으로 한 연구에서 입원 환자 회진 시 서서 말하는 경우와 환자 옆에서 앉아서 말하는 경우를 분석했습니다. 같은 말을 했음에도 앉아서 진료 사항을 전달했을 때 환자는 더 높은 배려심을 느꼈다고 응답했습니다.

추가로 1:1 대화 상황에서 두 사람이 정중앙에서 정면으로 바라보면 부담이 될 수 있습니다. 몸을 약간 틀어 고개를 살짝 돌려서 얘기하면 더 온화한 분위기를 조성할 수 있습니다.

④ Affect (감정): "주고받는 메시지 내용과 함께 상대의 감정에 주목하라."

때로는 대화 중에 상대의 감정이 직접 느껴질 때가 있습니다. 이 경우 "예, 그런 감정이 들었군요", "화가 많이 났군요"라면서 직원의 감정 상태를 감지했다는 표현을 의식적으로 해주면 좋습니다. 처음에는 어려울 수 있습니다. 상대의 감정 상황이 확실하게 파악되지 않는다면 느긋한 말투로 물어봐도 됩니다.

⑤ **Tone of voice (어조): "비언어적 감정 표현이 중요하다."**

커뮤니케이션에서 비언어 요소가 50% 이상을 차지한다고 합니다. 목소리 떨림, 손짓, 한숨 쉬기, 고정되지 않은 시선 같은 것입니다. 말이 아니더라도 비언어 감정 표현을 관찰하면 상대의 감정 상태를 알아차릴 수 있게 되죠. 결국, 세밀한 관찰이 중요합니다.

⑥ **Hearing the whole person (경청): "말 속에 담긴 의미나 의도까지 파악하라."**

상대의 말을 깊이 들여다보는 것입니다. 이를 잘하기 위해서는 리더가 호기심을 가져야 합니다. 리더의 호기심은 직원에게는 관심으로 다가갑니다. 직원이 말한 내용에 따라 질문해 봅니다. "그렇게 반응했던 이유는 무엇이었나요?", "오래전부터 그런 생각을 했었나요?", "비슷한 상황을 겪게 되면 어떻게 행동할 건가요?" 등의 질문은 리더가 직원을 알고 싶어 하는 의도를 전합니다. 자신에게 관심을 표현하는 사람에게 호감을 느끼게 되는 마음은 인지상정입니다.

⑦ **Your response (반응): "상대에게 진의를 전달할 방법은 당신의 반응이다."**

우리는 항상 사람들과 교류하고 그들의 감정과 소통합니다. 나도 모르게 뇌에서 일어나는 일입니다. 우리는 오래전 맹수에게 쫓기는 동료의 표정에서 위험을 직감하고 살아남기 위해 노력했습니다. 사무실에서 직원과 공유하는 감정은 조직의 안녕과 번영에 영향을 미칩니다. 감정은 정보를 담고 있습니다.

상대의 감정에 맞춰 진지한 모습으로 반응을 표현하세요. "당신의 기분을 이해합니다" 또는 "당신의 좌절감을 느낄 수 있습니다"와 같은 말을 던지세요. 문제를 해결하지는 못하지만, 대화를 이어가는 데는 충분합니다.

리더가 모든 일을 알 수 없고, 해결책 전부를 가질 수도 없습니다. 때때로 직원도 답답하고 리더도 답답한 순간이 있습니다. 이런 때는 말없이 진지하게 옆에 있으면서 얘기를 들어주는 것만으로도 힘이 됩니다. 사람은 머리뿐만 아니라 마음으로도 판단합니다.

업무 소통의 원칙

2030 직원과 소통으로 다시 돌아오겠습니다. 차이를 향한 인식과 신뢰 형성을 위한 노력이 없다면, 소통은 그저 순간을 모면하는 기술일 뿐입니다. 대화의 방법이 다소 서툴러도 상대를 긍정적으로 보고 믿음을 중시한다면 분명 훌륭한 대화 파트너로 인식될 수 있습니다. 기교를 넘어 좋은 사람이 되는 것이 소통의 진짜 출발점입니다. 다음은 효과적인 업무 소통을 위한 실용적인 소통 방향입니다.

① 빠르게 반응한다

세상의 속도에 맞게 소통의 속도 역시 빨라야 합니다. 직원이 기안하거나 발표할 때 자신이 받은 느낌을 바로 표현합니다. 물론 섣불리 결론을 단정 짓지는 않습니다. 일차 감상을 가볍게 말하고 직원의 반응을 보면서 대화(혹은 피드백)를 이어갑니다.

② 문자 소통을 활용한다

어느 팀장님의 하소연을 들은 적 있습니다. 연차 휴가를 당일 날 아침에 카톡으로 신청한 직원이 있다고 말입니다. 너무 경우 없는 짓 아니냐고 했습니다. 각자 문자를 언제부터 썼느냐에 따라 발생하는 상황입니다. 젊은 세대로선 문자 역시 주요한 소통 수단이며 증거가 남기 때문에 오히려 선호되곤 합니다. 해당 팀장님께는 팀 단톡방 운영을 권고해 드렸고, 나중에는 확실히 직원들과의 소통에 도움이 됐다는 소식을 전해주었습니다.

③ 자세하게 설명한다

새로 맡은 업무이거나 맥락 설명이 필요한 상황에 해당합니다. 생각이 구체화되면 기꺼이 업무에 착수할 가능성이 있습니다. 리더 입장에선 설명을 준비하면서 주요 포인트를 체크할 수도 있습니다. 다만, 동일 사안으로 설명이 반복된다면 문제입니다. 업무 매뉴얼이나 지식 공유 체계를 점검해야 합니다.

④ 칭찬을 아끼지 않는다

칭찬은 단지 훌륭한 행동을 격려하는 것 이상입니다. 상대를 인정하고 존중한다는 표현이죠. 요즘 직원은 칭찬에 익숙합니다. 애써서 칭찬했는데 별 감흥이 없다 하더라도 자주 칭찬을 해주어야 합니다. 물론, 직원도 동의하는 반드시 칭찬할 만한 소재를 갖고서 칭찬해야 합니다. 또한, 결과와 함께 '과정'을 언급하는 것이 좋습니다. 결과가 언제나 좋을 수는 없습니다. 의미 있는 실패 역시 칭찬의 좋은 소재가 될 수 있습니다.

⑤ 관심을 지속한다

리더가 하고 싶은 얘기도 중요하지만, 직원이 무엇에 관심을 두는지 먼저 생각해 봅니다. 대화를 시작할 때 직원의 관심사를 함께 나누면 훨씬 부드럽게 대화를 이어갈 수 있습니다. 관심사를 알아주는 리더는 분명 나에게 신경 쓰는 사람이라는 증표가 됩니다. 이렇게 개별적인 니즈에 맞춰 면담을 진행하고 꼭 면담록을 남깁니다. 직원은 리더의 '일관성'을 요구합니다. 직원에게 피드백을 줬다면 내용의 원칙을 고수하는 모습을 보여줄 필요가 있습니다. 그들은 이랬다저랬다 갈지(之)자 행보를 극도로 혐오합니다.

이것만 따라 하세요!

- 세대 간 차이를 인정하고, 섣불리 판단하거나 평가하지 않아야 합니다.
- 공감 소통을 위해 EMPATHY 기법을 체크리스트처럼 활용하세요.
- 속도, 명확성, 문자 활용, 설명, 칭찬, 관심 등을 고려하여 적절한 소통 원칙을 실천하세요.

20.
업무 소통에 적합한 시간대

현장의 목소리: "미팅 시간을 효율적으로 배분하기가 어렵네요."

일주일에 두 번, 상위 리더가 주관하는 회의가 고정되어 있고, 호출도 잦다. 본인이 주재하는 회의도 필요한데, 부서원과 시간을 맞추기 어려우니 일정 관리가 쉽지 않다. 애초 유연하게 부서 미팅과 1:1 미팅을 진행하려고 했는데, 이제는 제때 하지 못하고 밀리거나 취소되는 일이 빈번하다. 여기에 급박한 업무가 개입하면 미팅 일정은 더욱 뒤죽박죽된다. 어떻게 해야 할까?

이 문제에 접근하기 위해, 우선 '정기 회의체'가 주로 오전에 열리는 이유를 알아볼 필요가 있습니다. 미국에서 진행된 한 홍

미로운 실험이 있습니다. 면접관들에게 오전과 오후에 지원자들을 면접하도록 했는데, 결과는 놀라웠습니다. 다른 조건은 모두 동일했지만, 오전에 면접을 본 지원자들의 합격률이 상대적으로 높았습니다. 왜 이런 결과가 나왔을까요?

그 이유는 인간의 에너지 주기와 관련이 있습니다. 우리의 에너지는 무한하지 않으며, 하루 동안 변화합니다. 대개 가장 에너지가 넘치는 시간은 오전 9시부터 11시 사이입니다. 이때가 하루의 피로가 쌓이지 않은 상태로 정신적으로 가장 각성하는 시간입니다. 따라서, 판단력과 수용력이 그날 중 최고 수준에 이릅니다. 이러한 생체 리듬 때문에 면접관들도 오전에 더 적극적으로 면접에 임했고, 결과적으로 더 많은 지원자를 긍정적으로 평가했습니다.

정기 회의체가 주로 오전에 열리는 이유도 바로 이 때문입니다. 회의에서는 창의적인 아이디어를 모으거나 중요한 의사결정을 내리는 경우가 많은데, 이러한 활동에는 참석자의 높은 에너지가 필요합니다.

그렇다면 '업무 소통' 시간은 언제 어떻게 하는 게 좋을까요? 보통 상위 리더와 함께하는 정기 회의체는 주 1~2회 정도입니다. 그렇다면 나머지 3~4일은 리더 본인이 주도적으로 오전과 오후 중 업무 지시 시간을 배치할 수 있습니다. 이때 중요한 것은 리더의 일방적인 지시가 아니라, 서로 간의 효과적인 소통이 이루어져야 한다는 점입니다. 그래서 모두의 에너지가 가장 충

만한 오전 시간이 업무 지시와 소통에 가장 적합한 시간대입니다. 또한, 자신이 주관하는 회의 일정을 상위 리더에게 알려서 시간 배려를 받을 필요도 있습니다.

오후에는 어떤 업무를 하는 것이 좋을까요? 일반적으로 오후가 되면 사람들의 민감도가 떨어집니다. 하루 종일 일하면서 에너지가 어느 정도 소모되었기 때문입니다. 따라서, 오후 시간에는 주로 반복적이고 일상적인 업무를 처리하는 것이 효율적입니다. 이미 숙련된 업무라면 상대적으로 에너지 소모가 적기 때문입니다.

마지막으로, 상사에게 100% 질책받을 것이 확실한 업무 보고는 언제 하는 것이 좋을까요? 이런 경우에는 덜 예민한 '오후' 시간이 적합합니다. 오후에는 사람들의 감정 반응이 다소 둔화하여 있어, 곤란한 이슈를 더 차분하게 다룰 수 있기 때문입니다.

이것만 따라 하세요!

- 중요한 회의와 미팅은 에너지가 충만한 오전 9~11시에 집중적으로 배치하세요.
- 오후 시간에는 주로 반복적이고 일상적인 업무를 처리하세요.
- 상위 리더에게 본인이 주관하는 미팅 일정을 공유하고 양해를 구해서 정시성을 확보하세요.

에필로그

우리는 효과적이며, 효율적인 업무 소통을 탐구했습니다. 이 과정에서 여러분은 중요한 사실을 깨달았을 겁니다. 진정한 리더십 소통은 단순히 기술이나 방법론의 문제가 아니라 마음가짐의 문제이며, 상대방을 진정으로 이해하고 존중하려는 태도에서 비롯된다는 사실말입니다.

리더는 항상 변화의 중심에 있습니다. 그리고 그 변화를 끌어내는 가장 강력한 도구가 바로 '소통'입니다. 여러분이 이 책에서 배운 내용을 실천한다면, 단순히 업무 효율성을 높이는 것을 넘어 조직 문화를 변화시키고, 구성원의 잠재력을 끌어내는 진정한 리더로 성장할 수 있습니다. 물론 실천이 쉽지는 않습니다. 처음부터 너무 잘하려고 부담을 갖지 않기를 바랍니다. 실수에서 배우는 것은 리더 역시도 마찬가지입니다.

이 책은 여정의 시작일 뿐입니다. 여정의 열매는 여러분의 행동에 달려 있습니다.

지금 당장의 시도를 힘껏 응원합니다!

위임의 기술
: 믿고 맡기는 리더의 습관

초판 1쇄 발행 2024년 10월 7일
초판 3쇄 발행 2025년 1월 20일

지은이 김진영

펴낸이 이승현
디자인 스튜디오 페이지엔

펴낸곳 좋은습관연구소
출판신고 2023년 5월 16일 제 2023-000097호

이메일 buildhabits@naver.com
홈페이지 buildhabits.kr

ISBN 979-11-93639-23-8 (13320)

좋은습관연구소에서는 누구의 글이든 한 권의 책으로 정리할 수 있게 도움을 드리고
있습니다. 메일로 문의주세요.